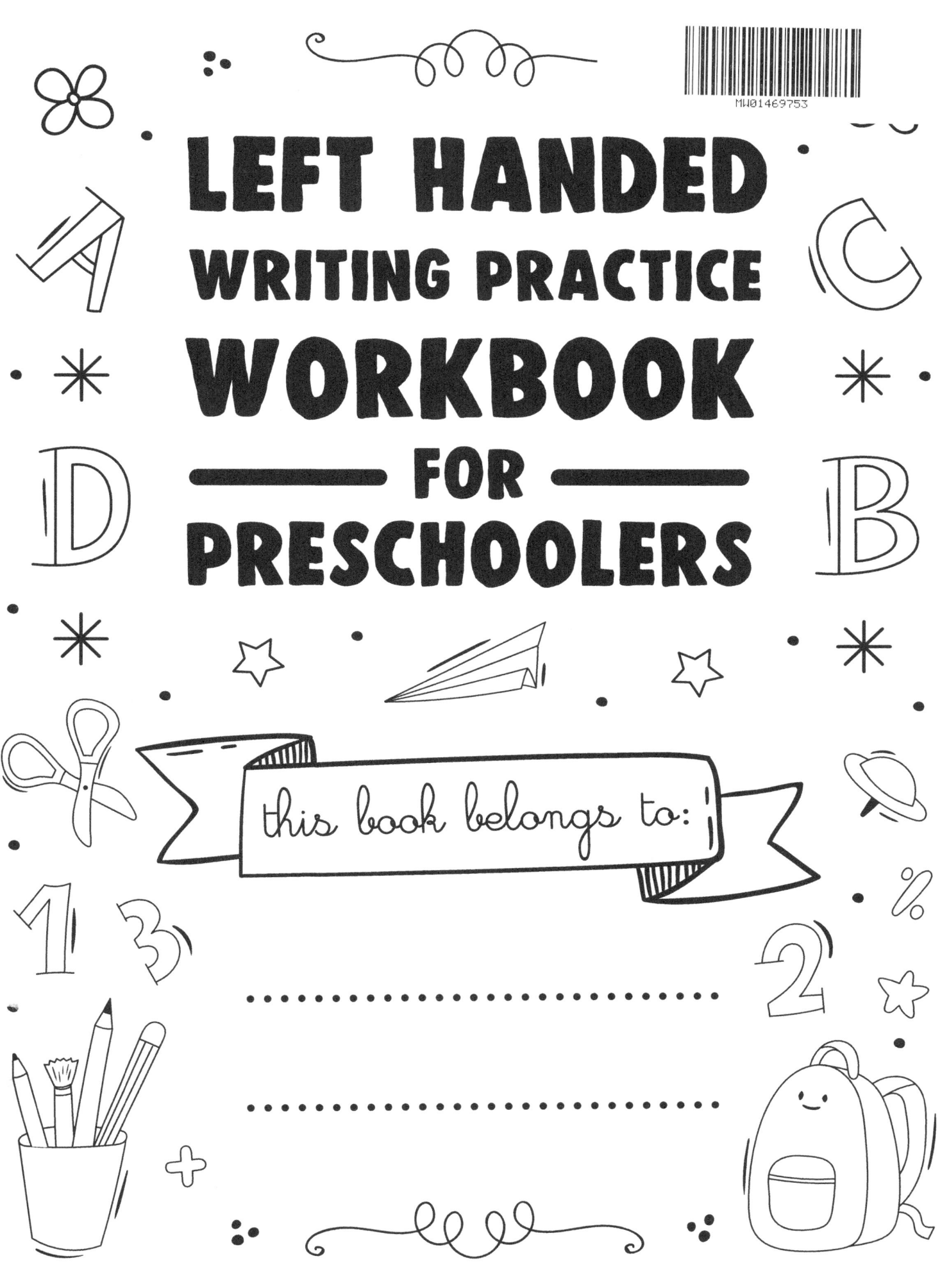

LEFT HANDED WRITING PRACTICE WORKBOOK FOR PRESCHOOLERS

this book belongs to:

....

....

LEFT HAND

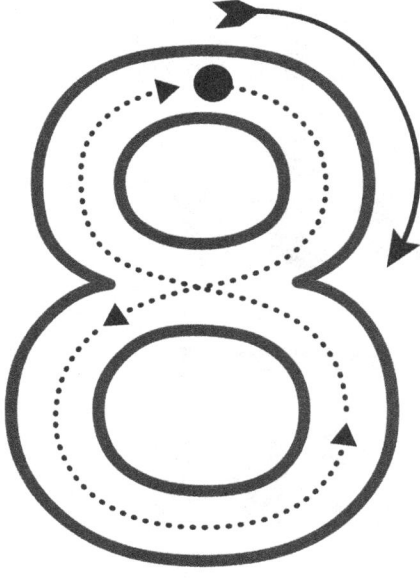

RIGHT HAND

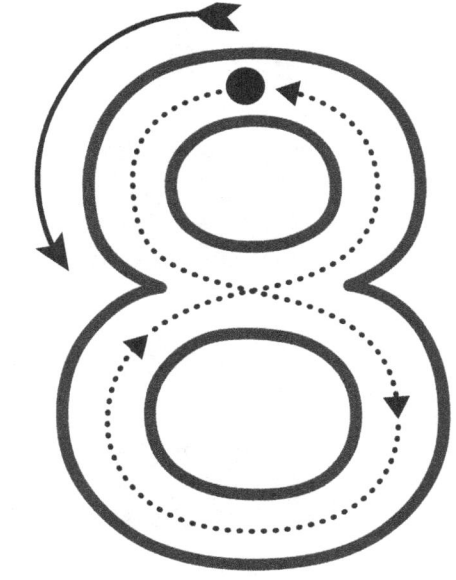

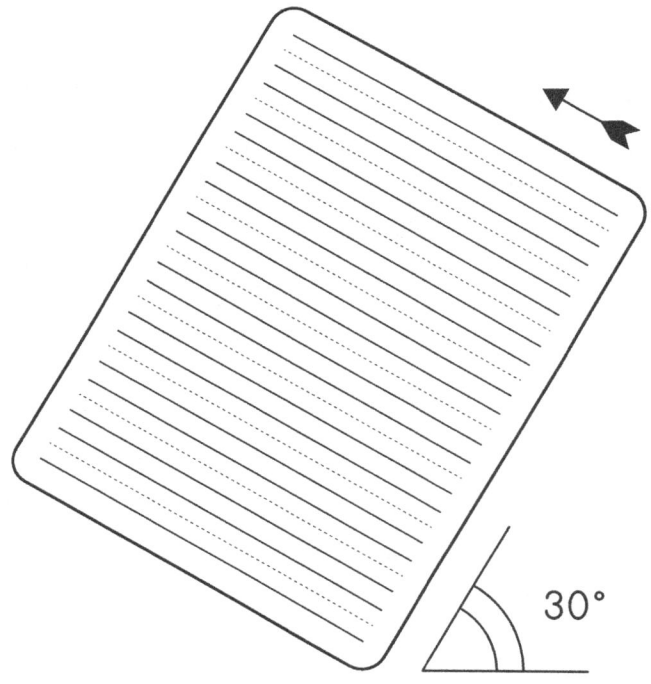

30°

90°

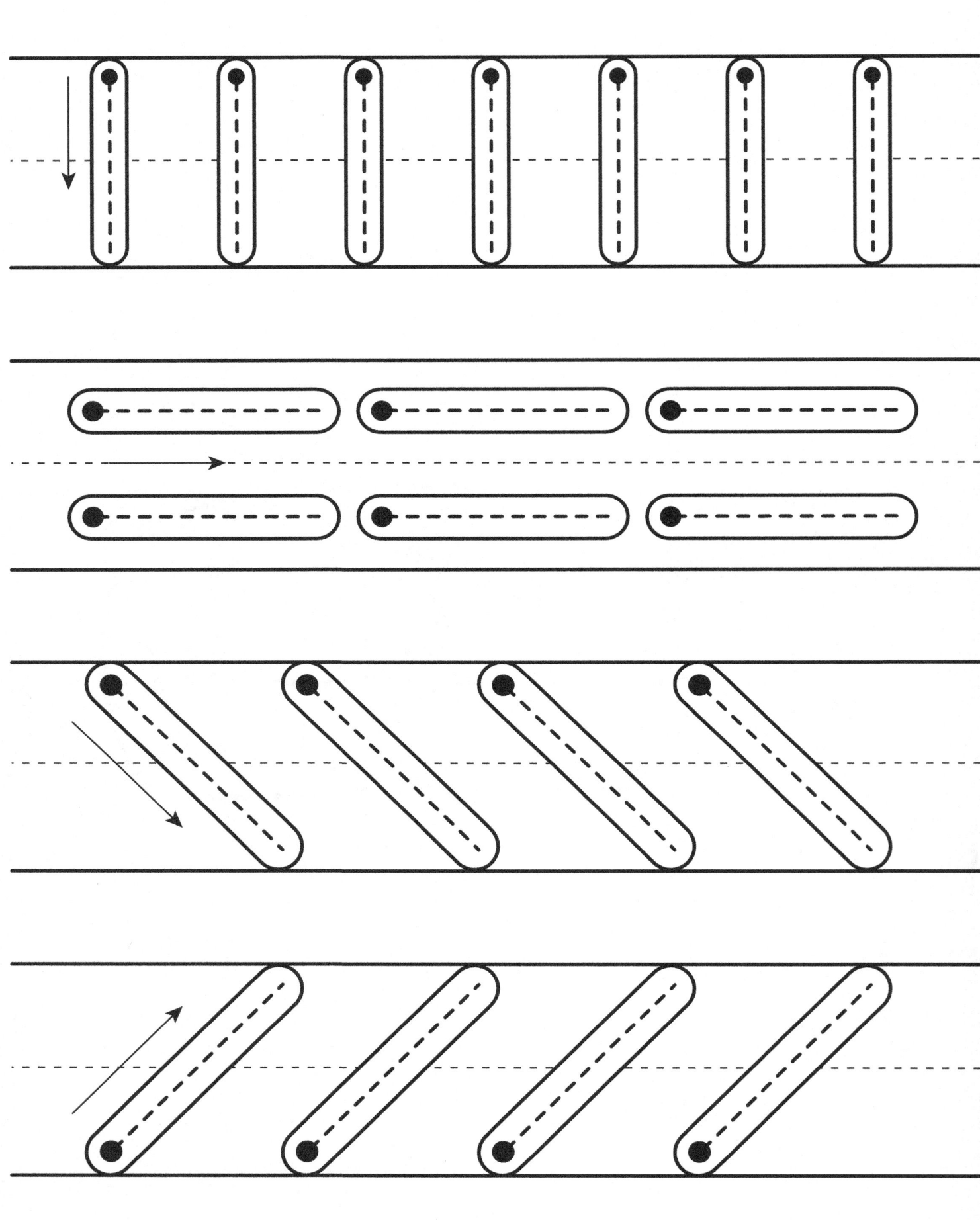

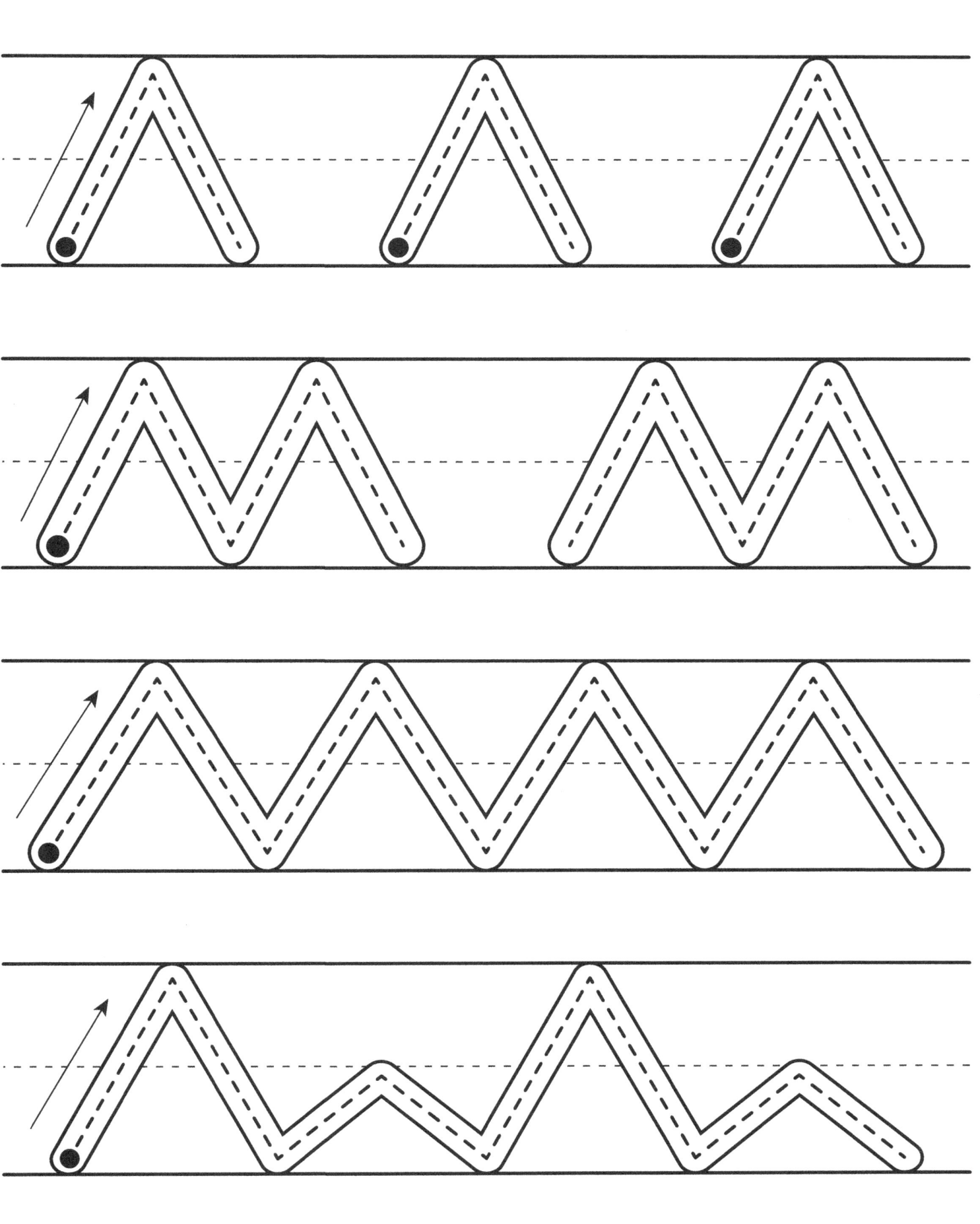

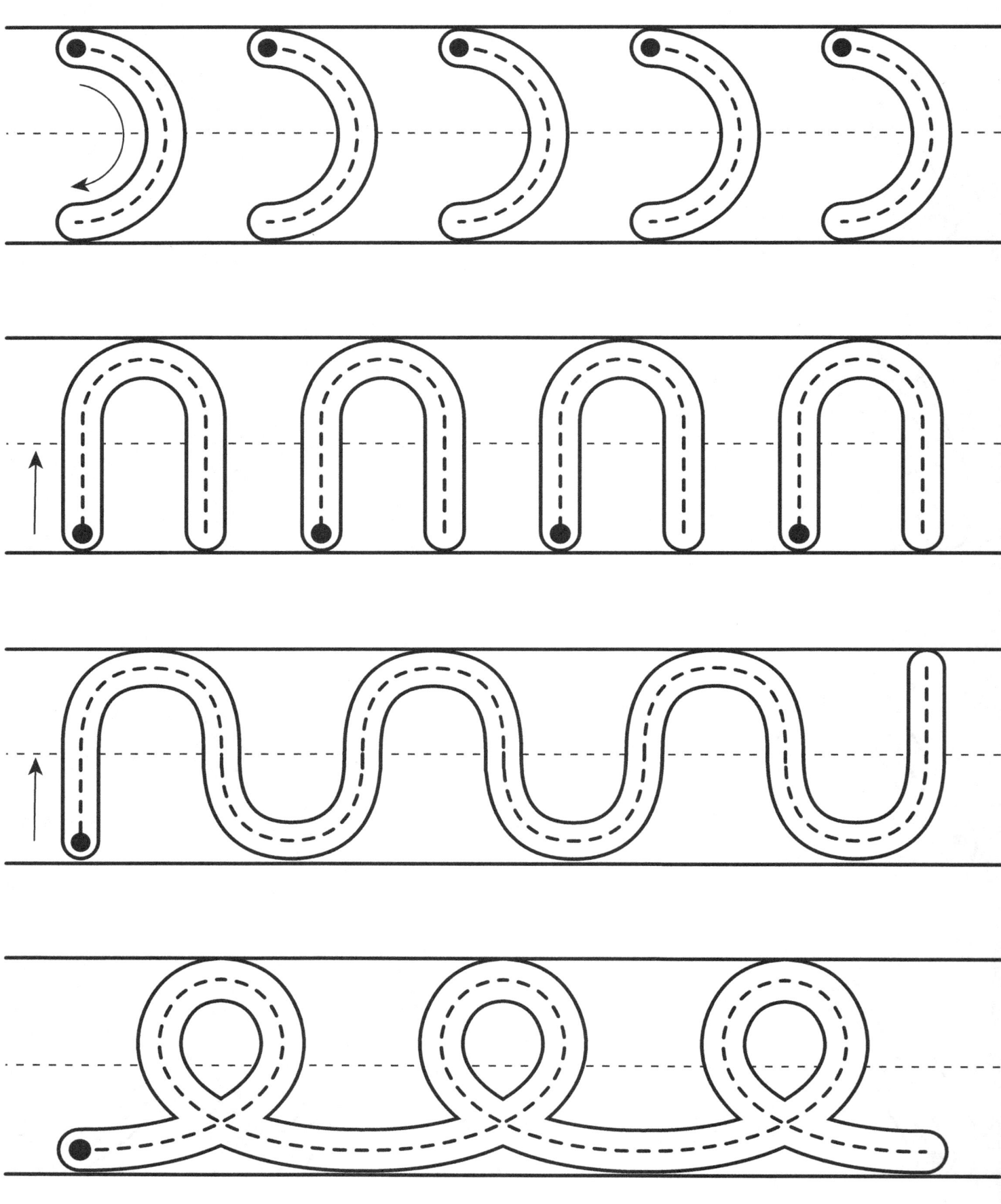

Square

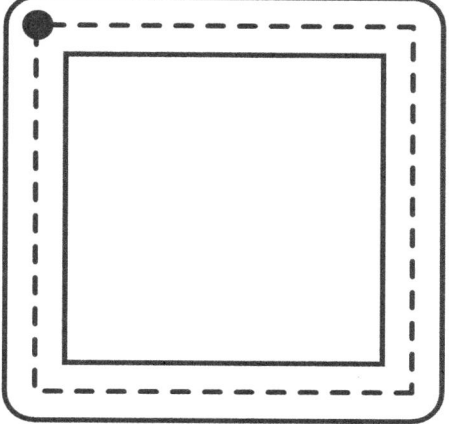 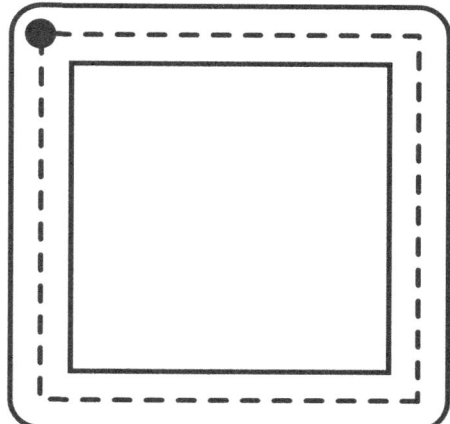

Rectangle

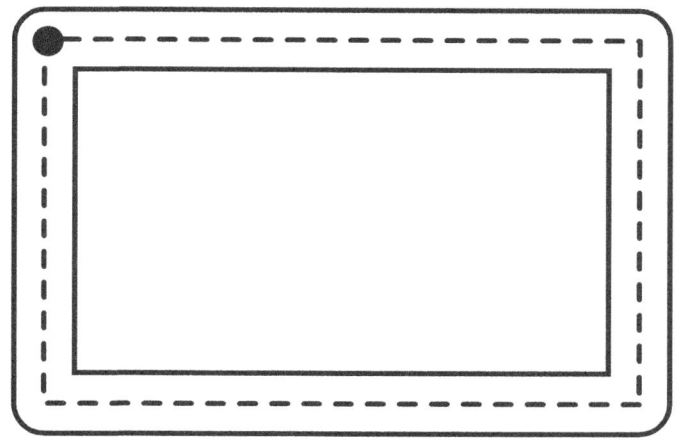 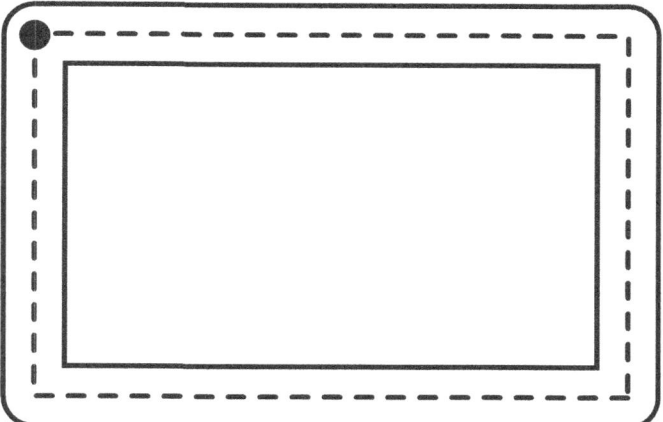

Triangle

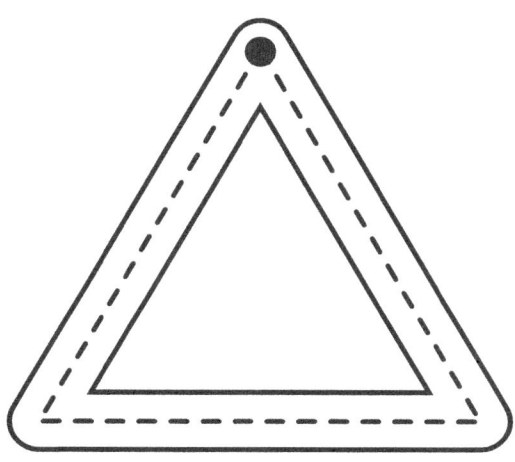 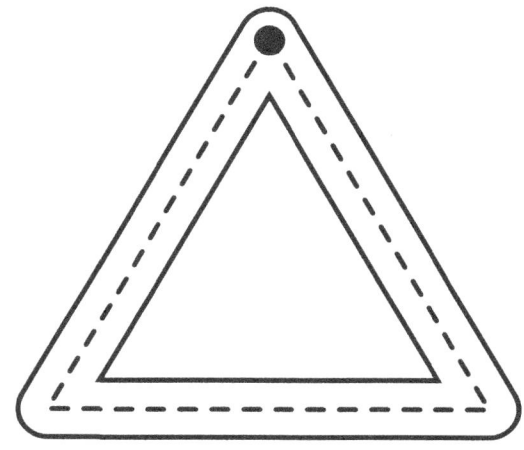

Circle

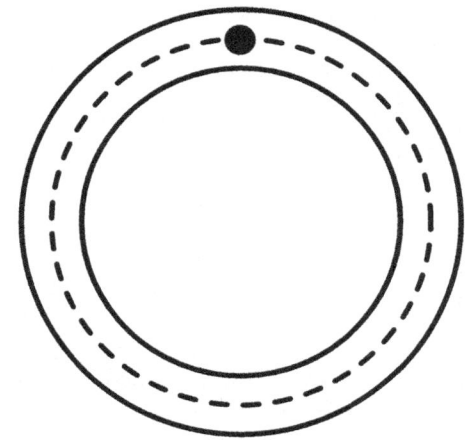 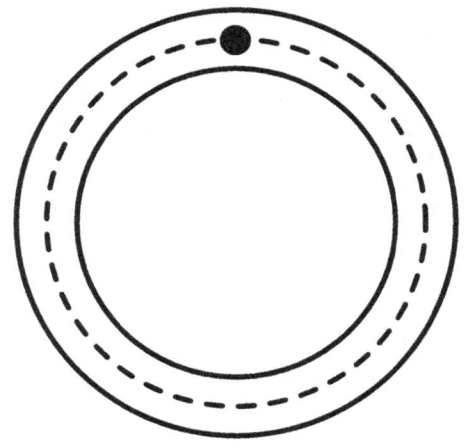

Star

Rhombus

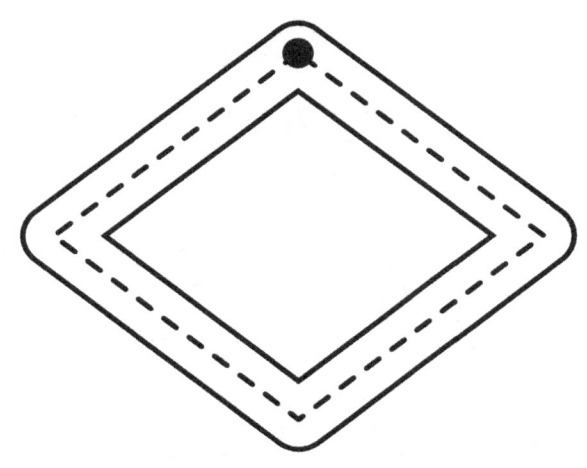 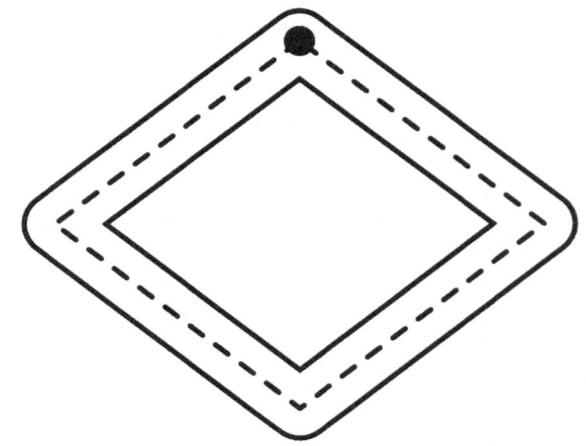

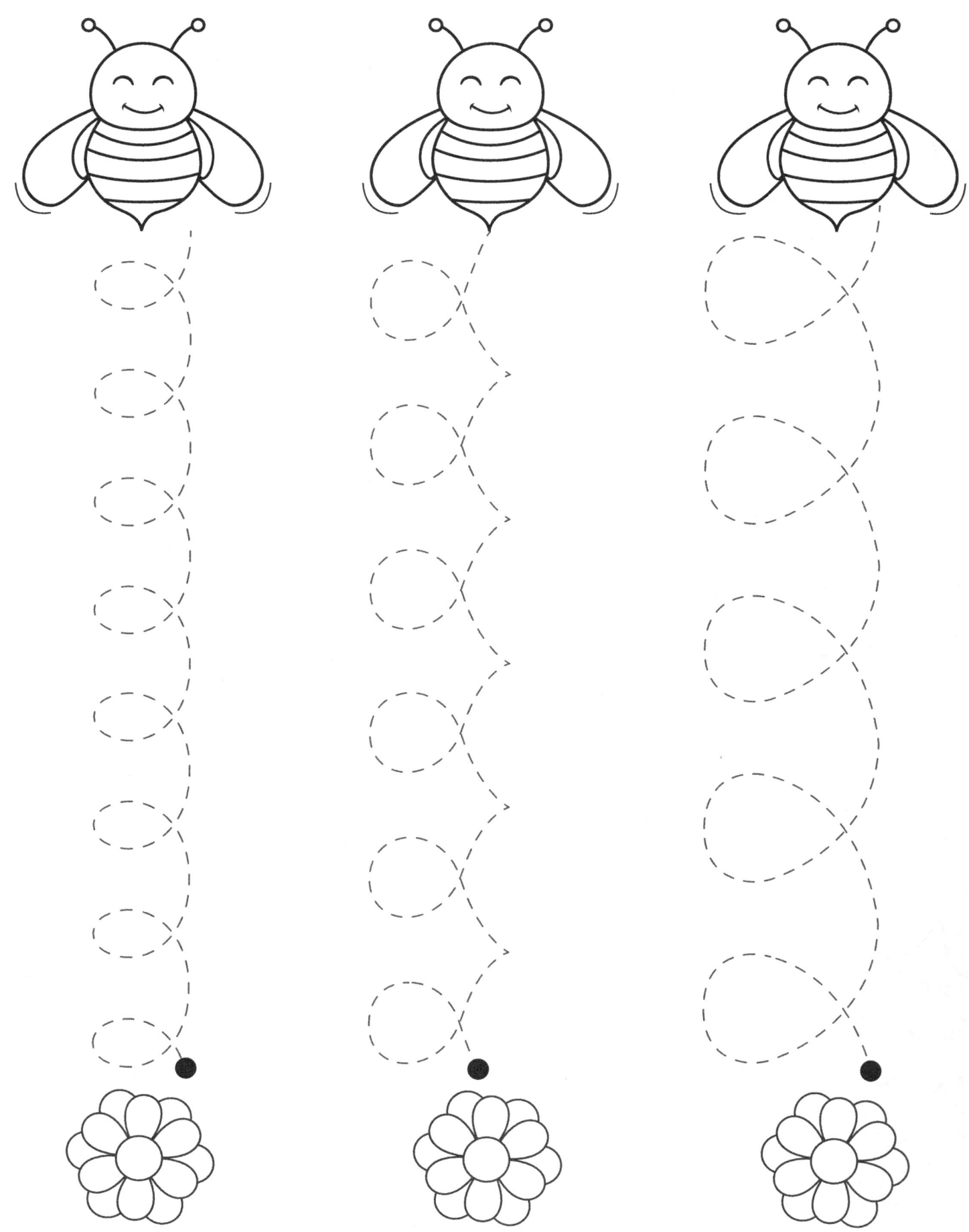

Apple

A B C D E F G H I J K L M Ⓐ N O P Q R S T U V W X Y Z

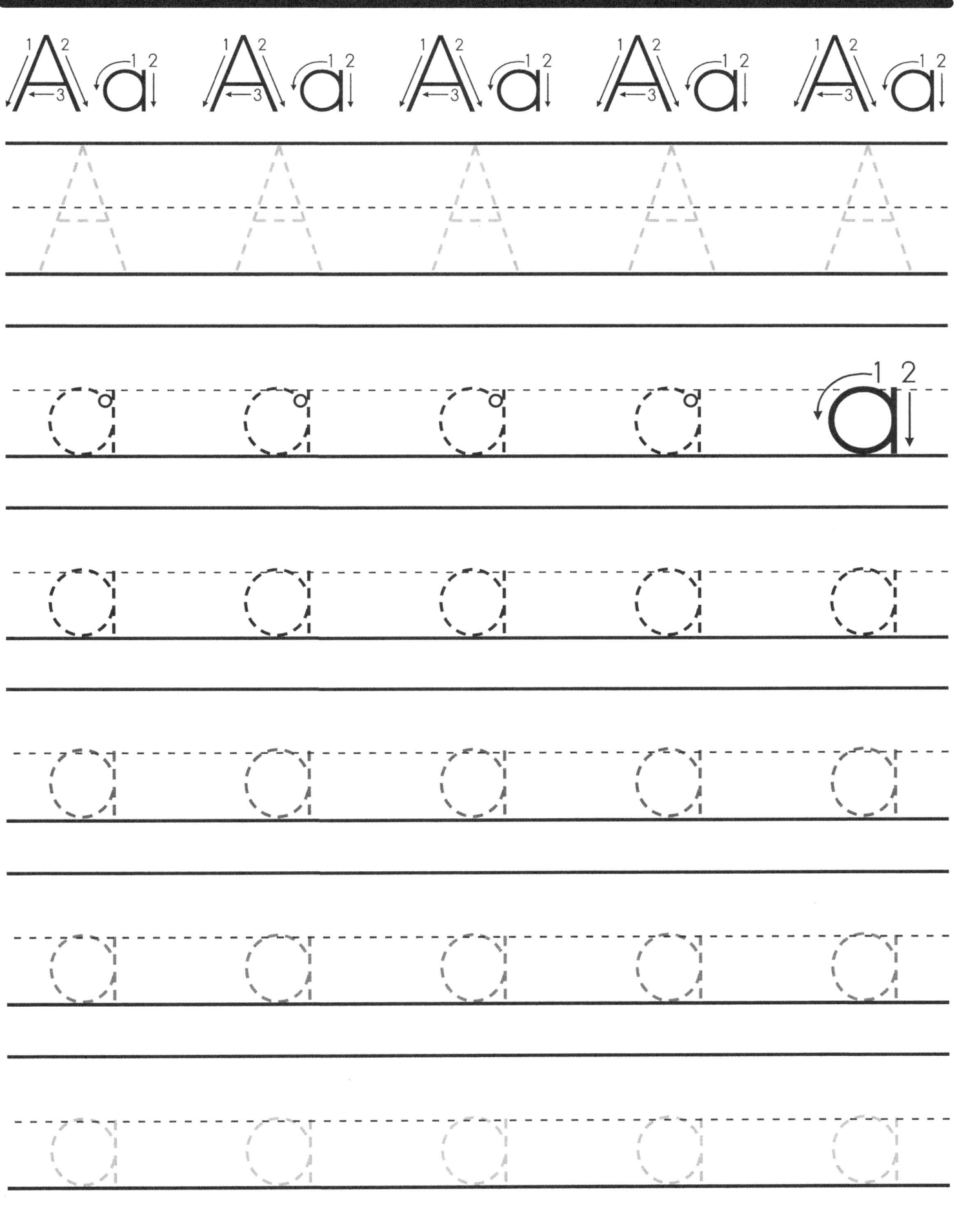

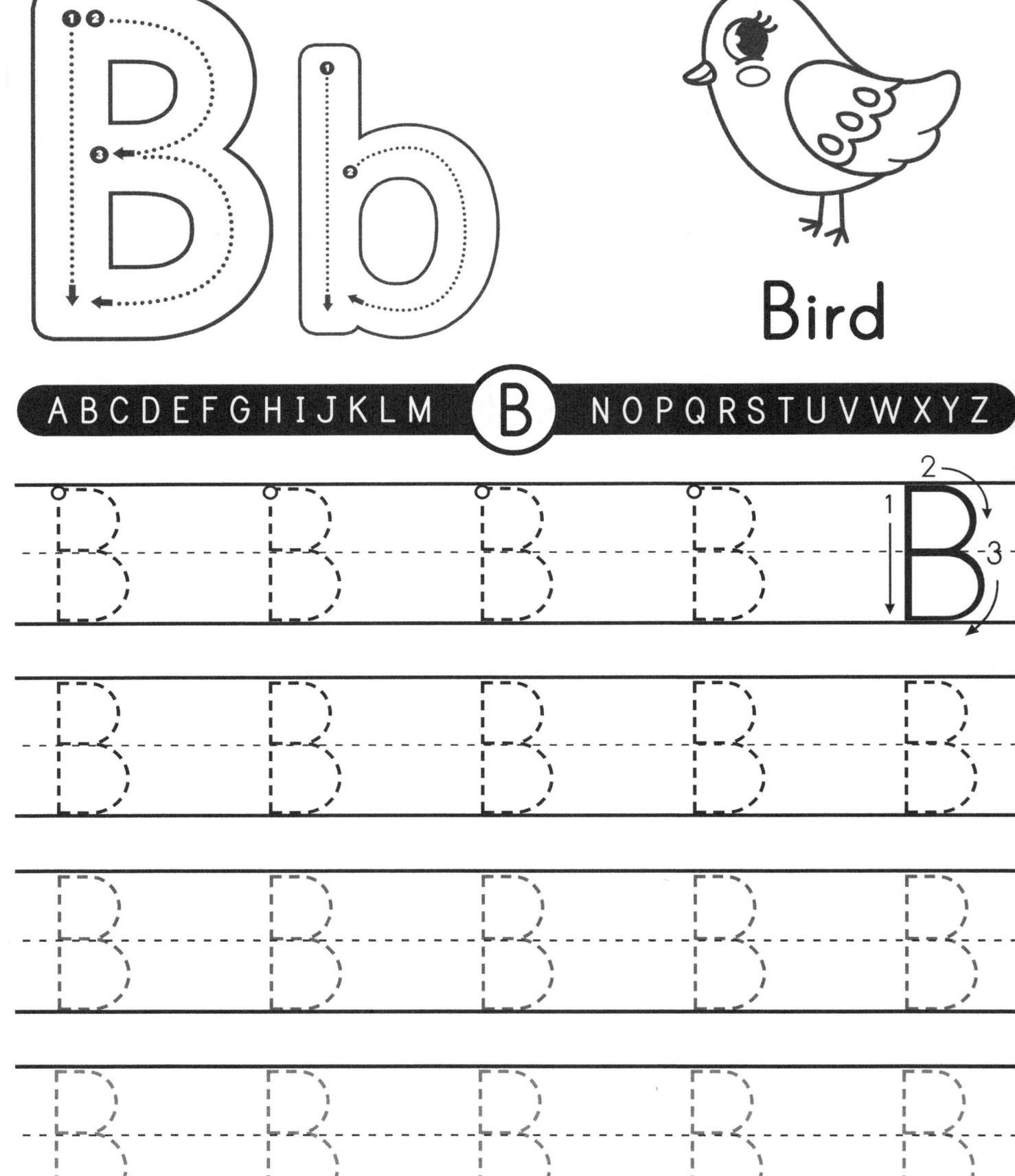

Bird

ABCDEFGHIJKLM B NOPQRSTUVWXYZ

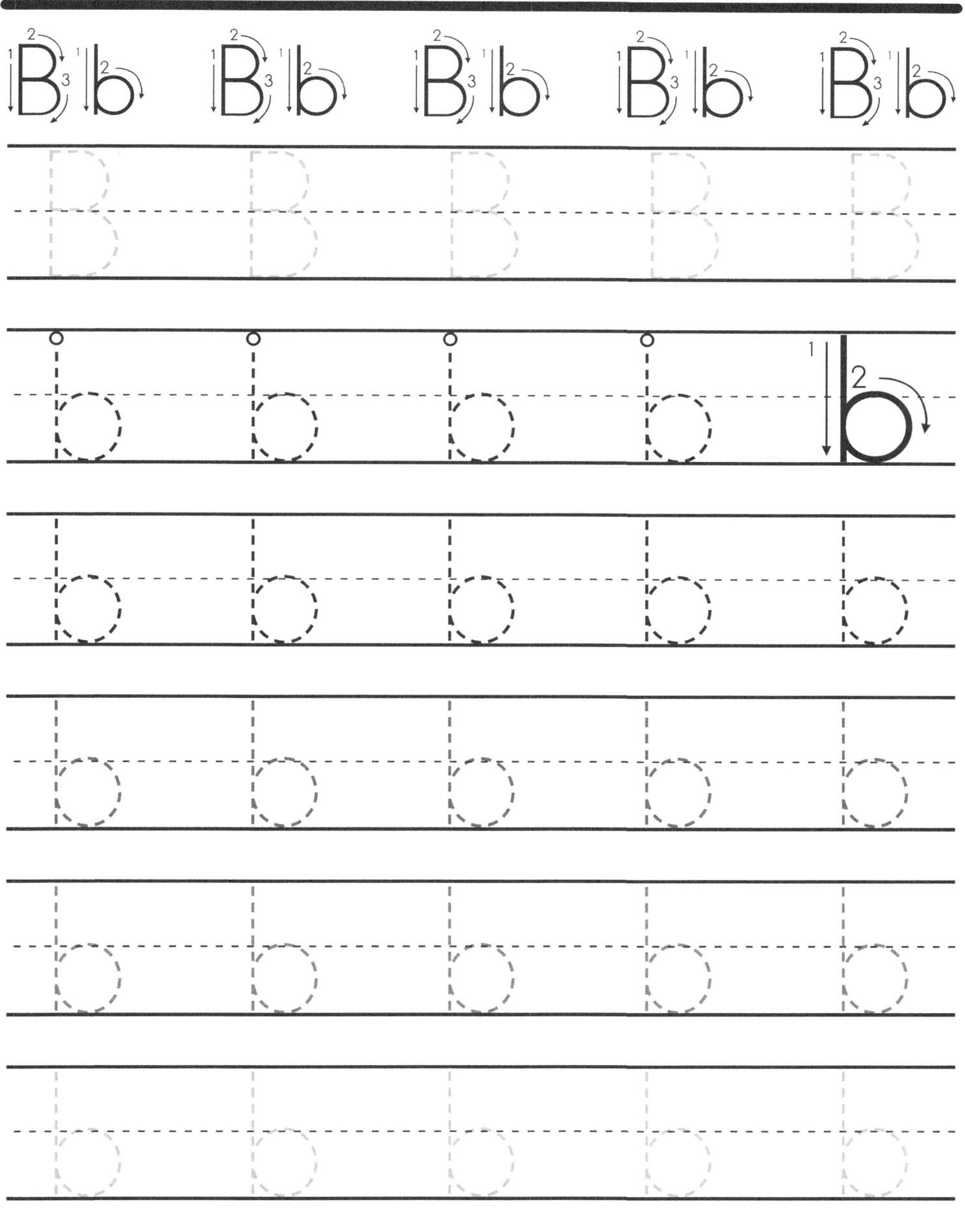

Cake

A B C D E F G H I J K L M C N O P Q R S T U V W X Y Z

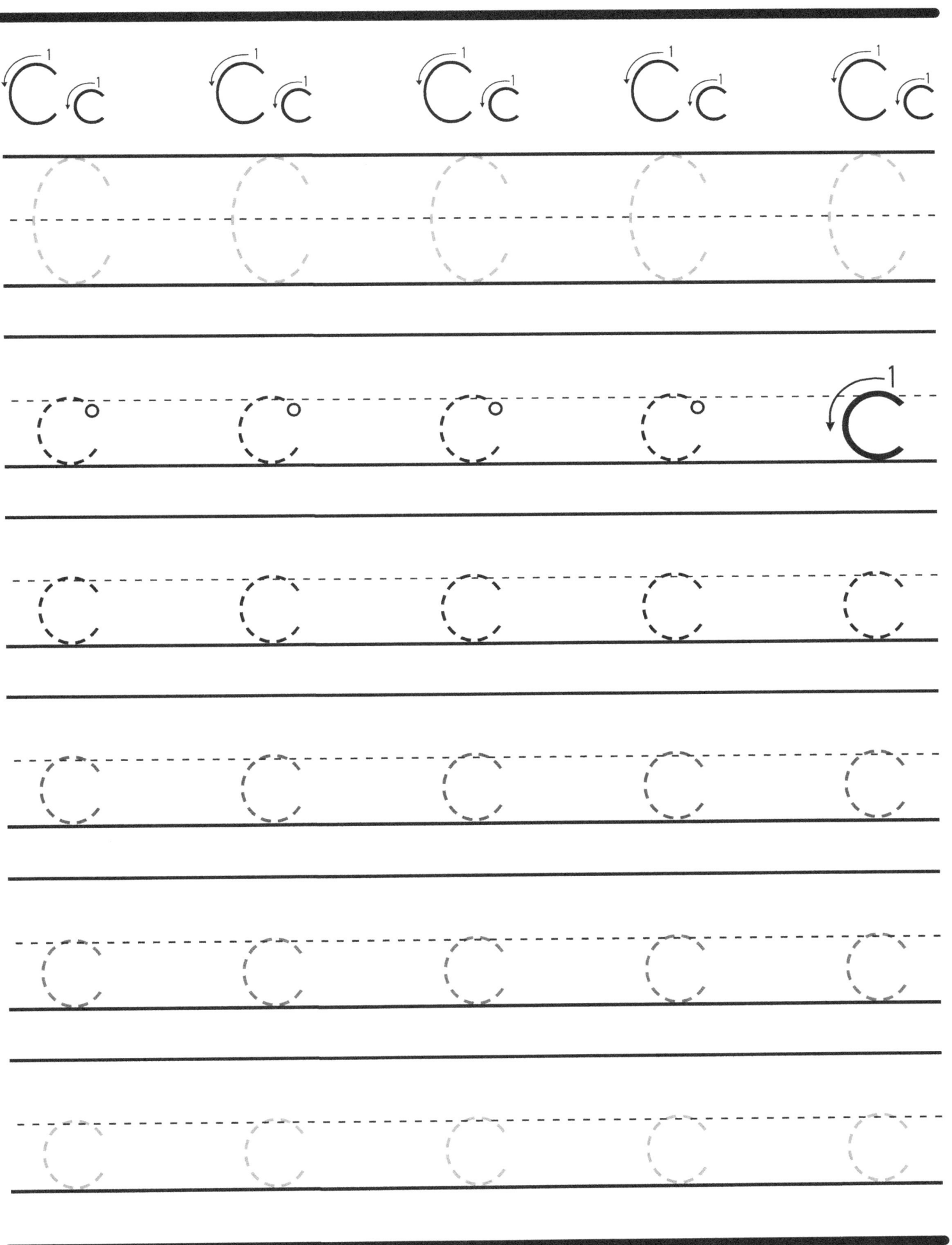

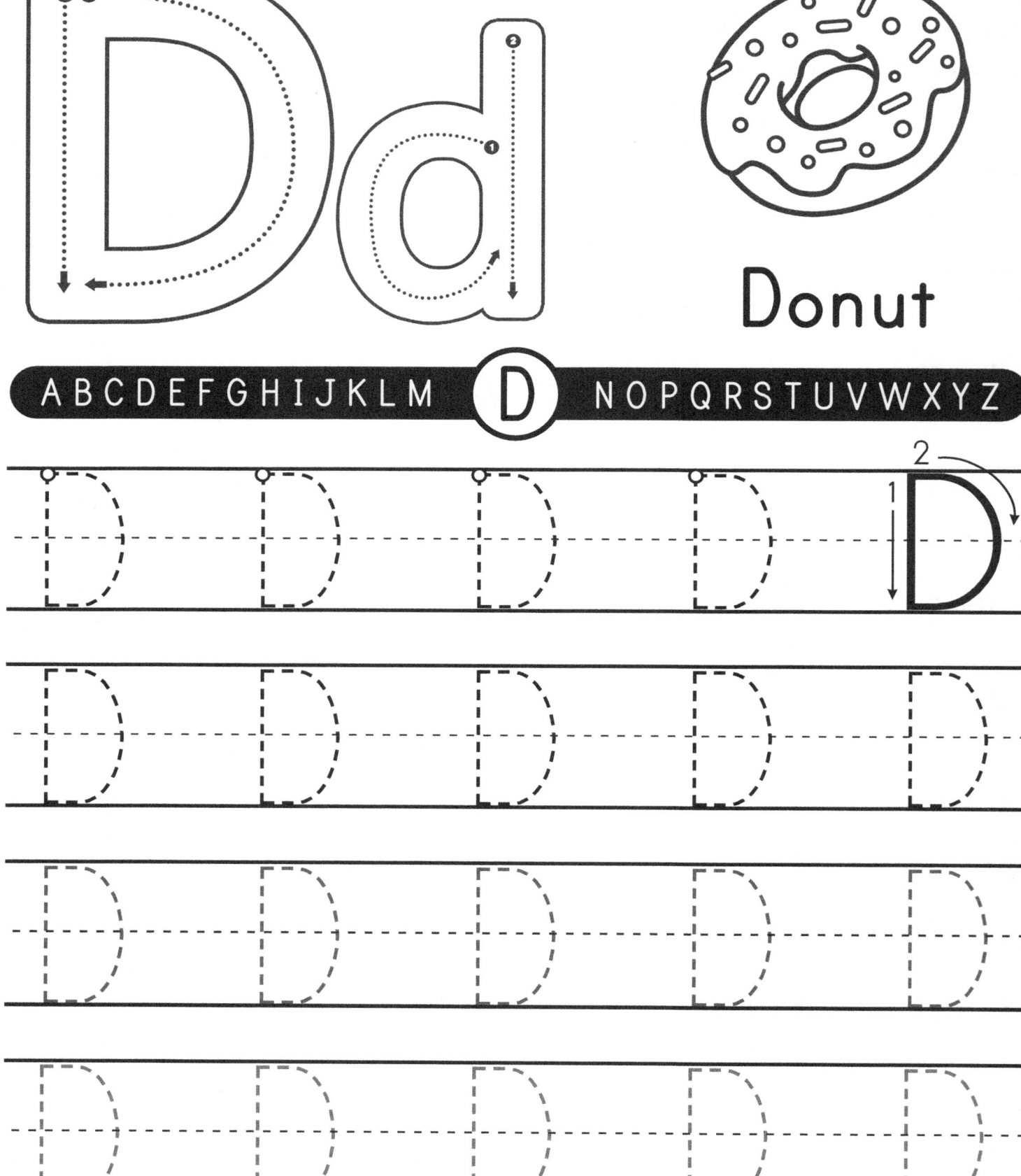

Donut

A B C D E F G H I J K L M D N O P Q R S T U V W X Y Z

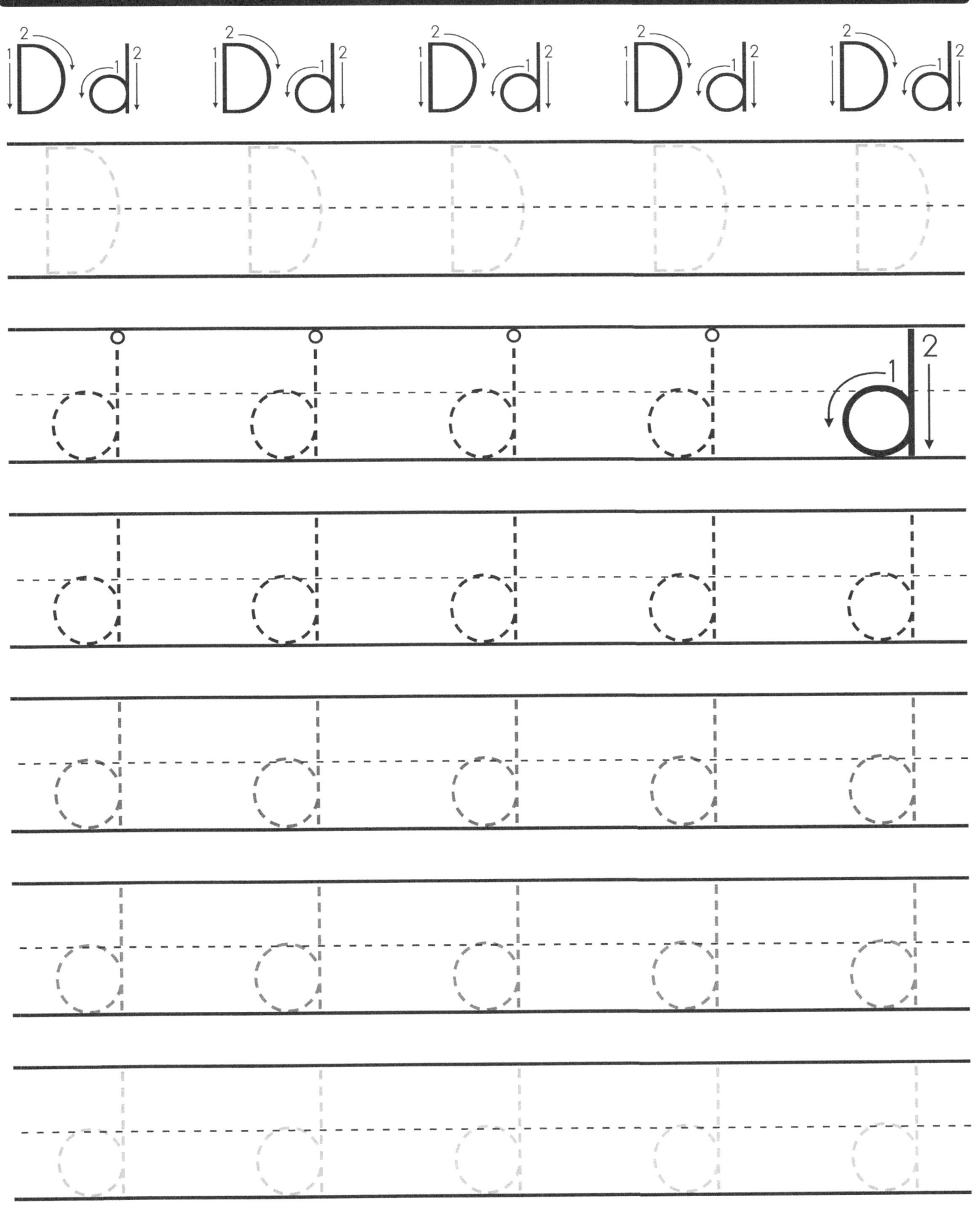

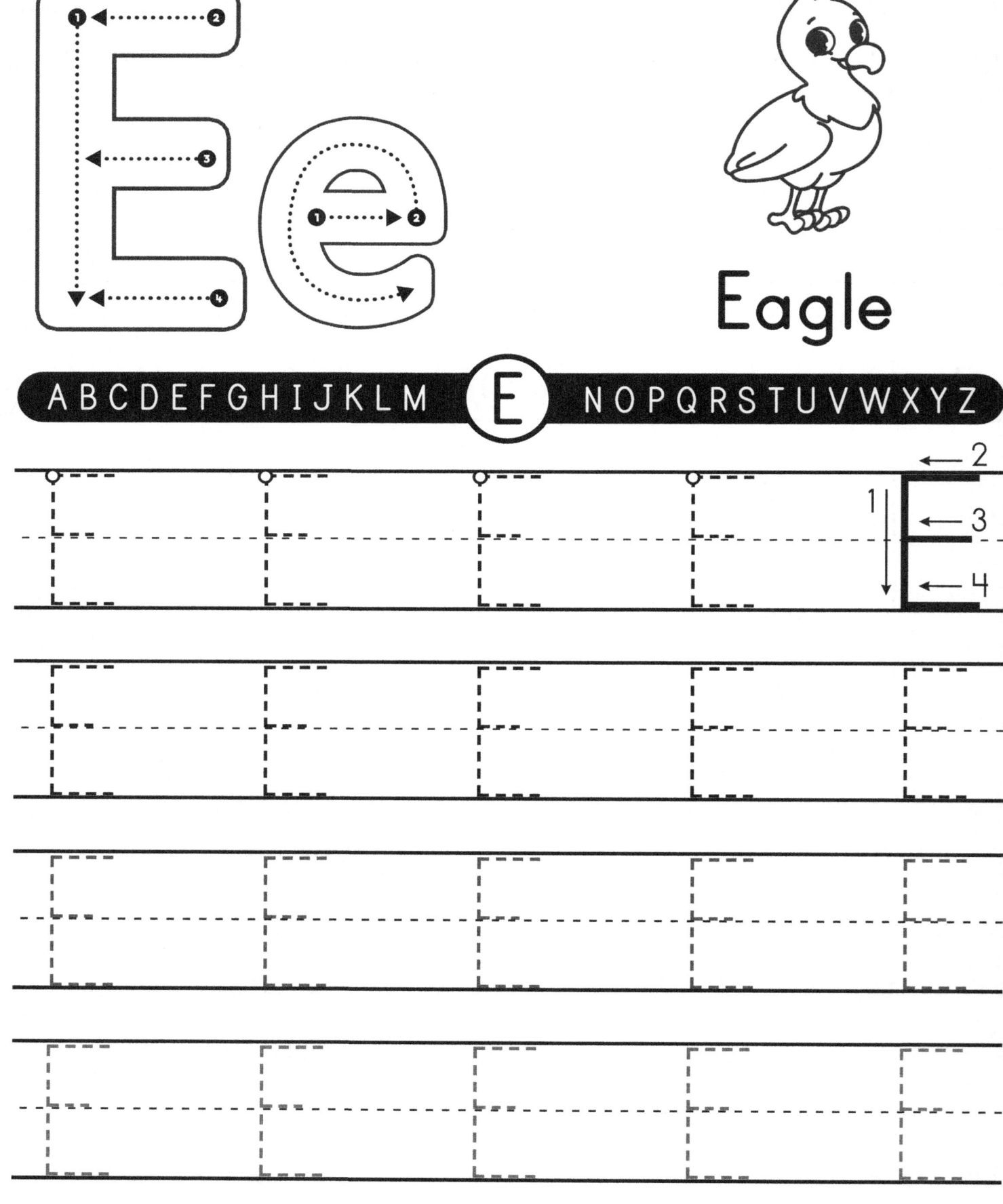

Eagle

A B C D E F G H I J K L M E N O P Q R S T U V W X Y Z

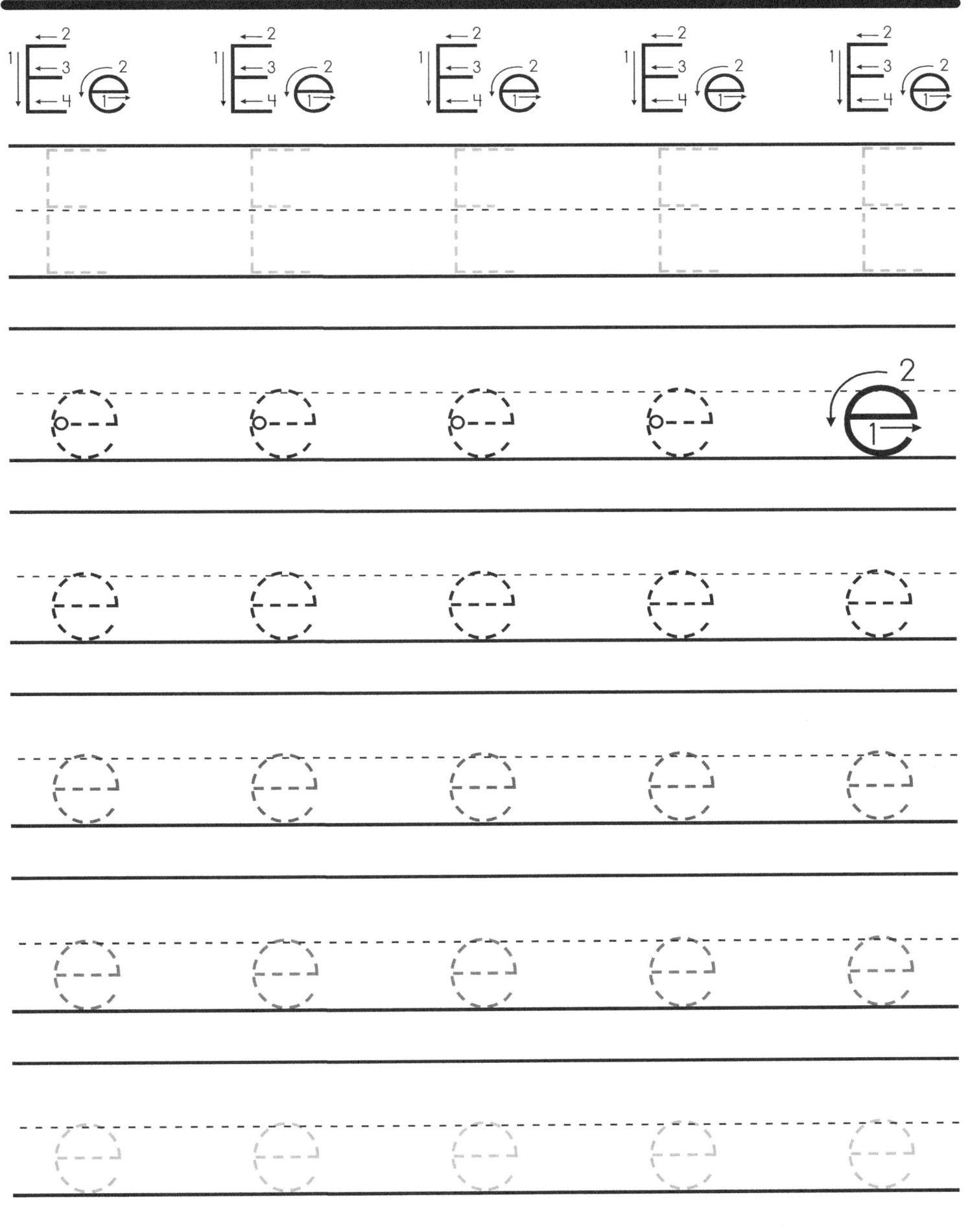

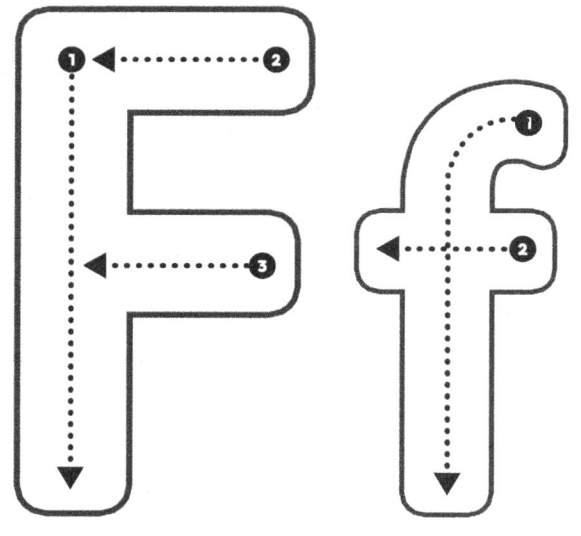

Fish

A B C D E F G H I J K L M F N O P Q R S T U V W X Y Z

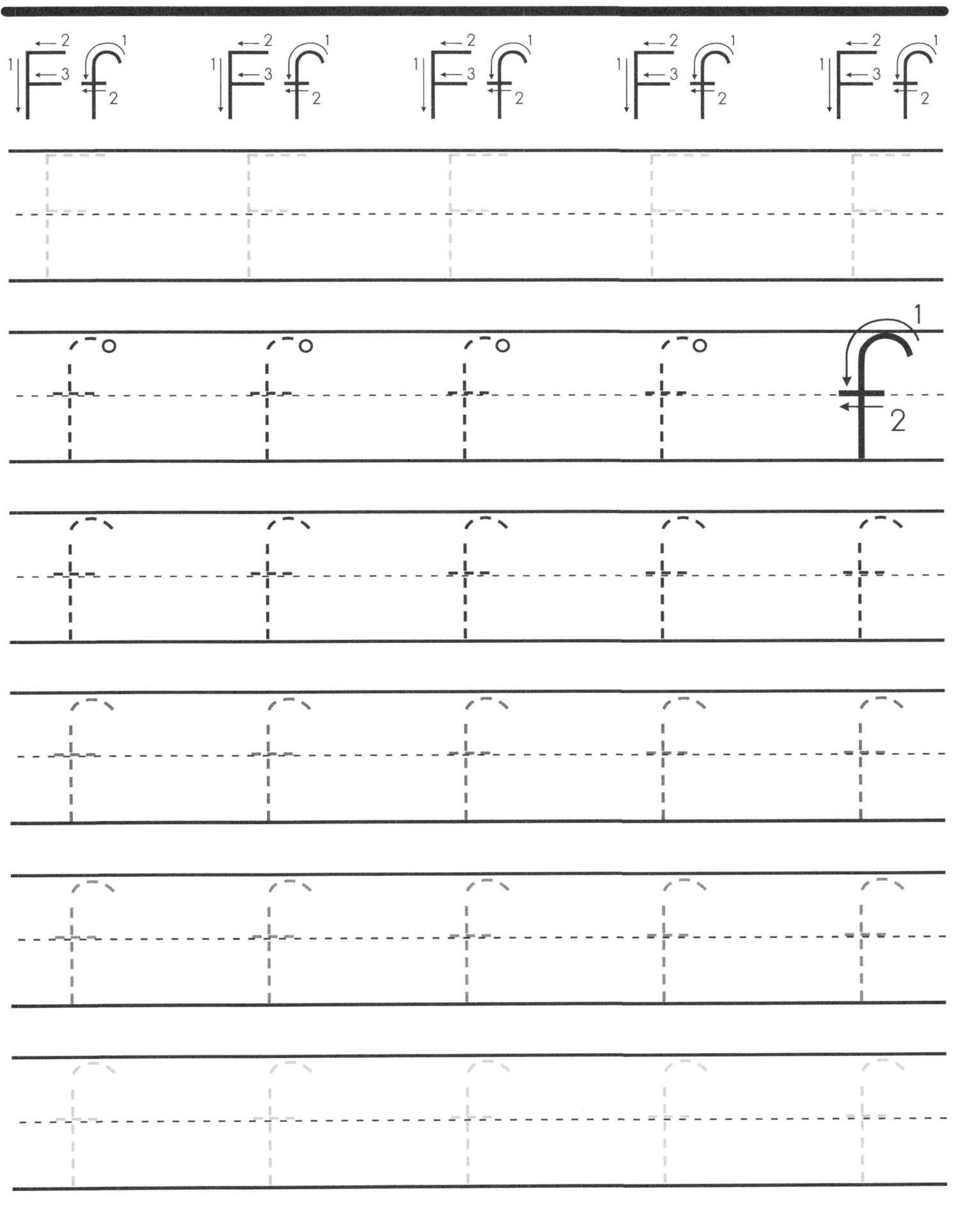

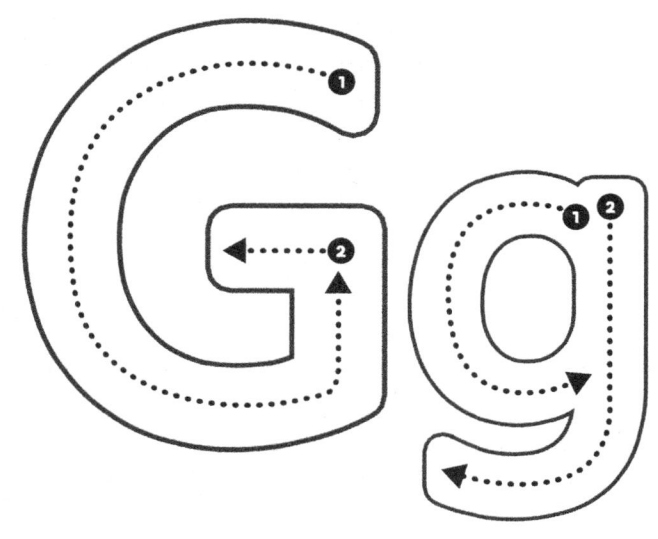

Gift

A B C D E F G H I J K L M G N O P Q R S T U V W X Y Z

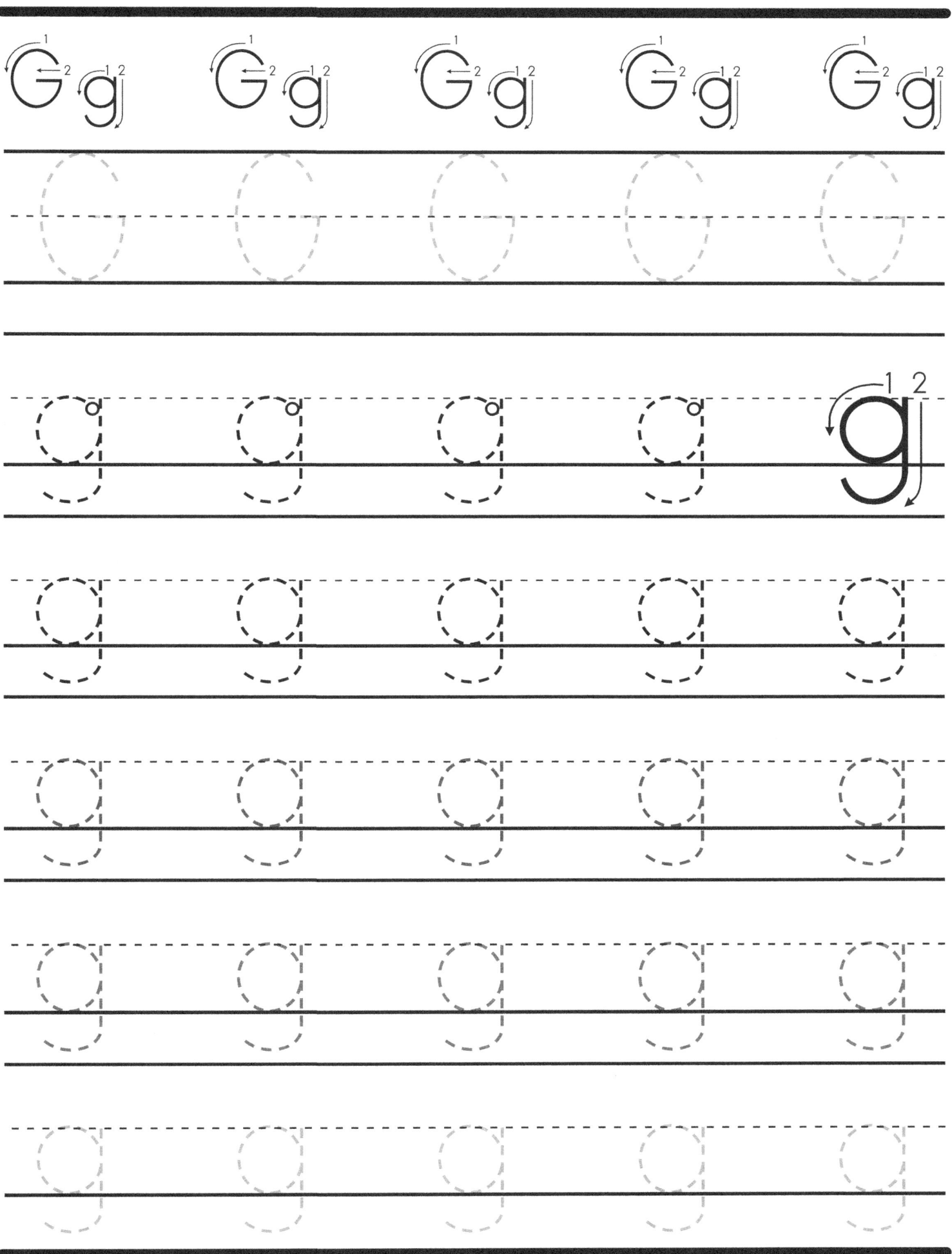

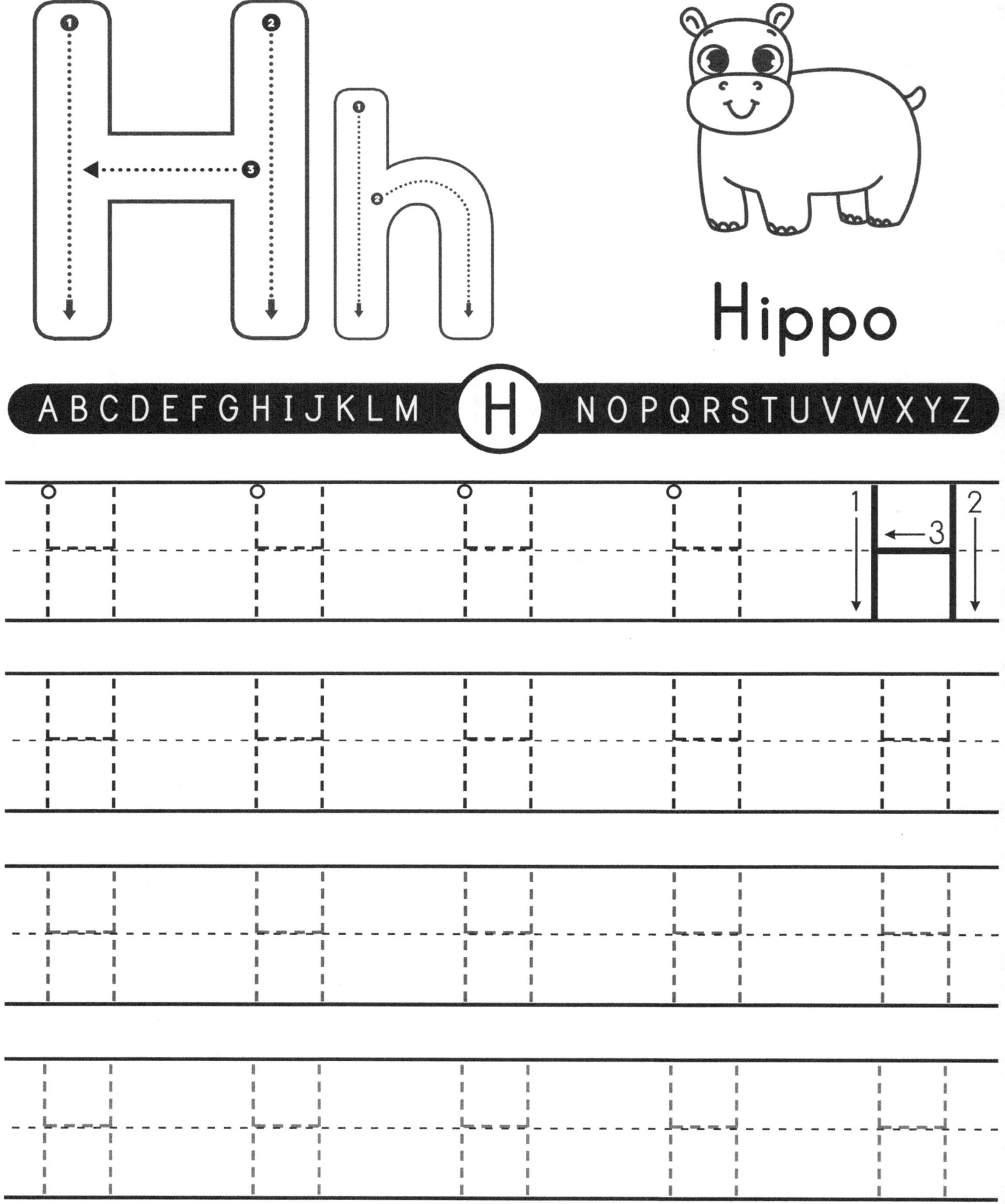

Hippo

A B C D E F G H I J K L M **H** N O P Q R S T U V W X Y Z

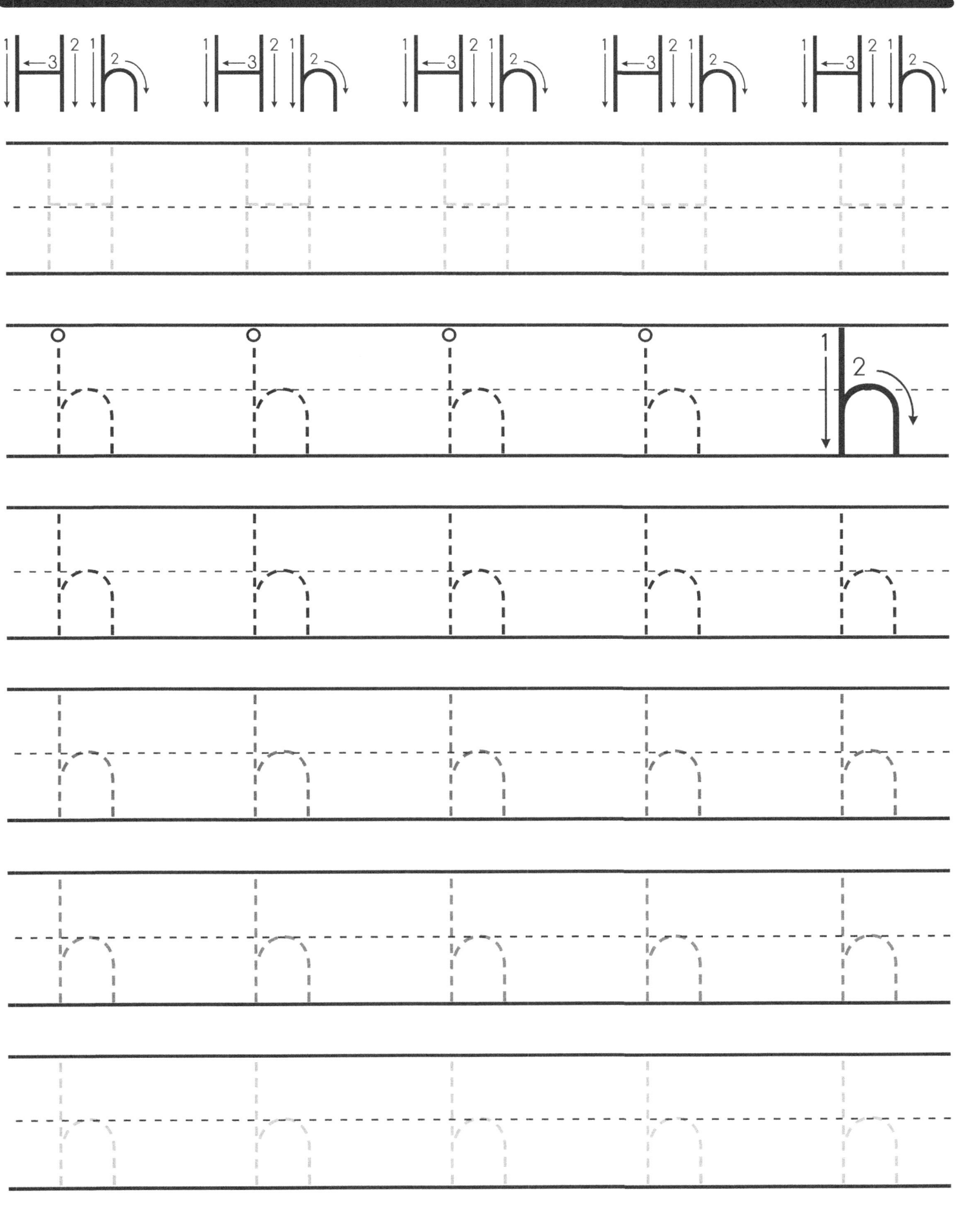

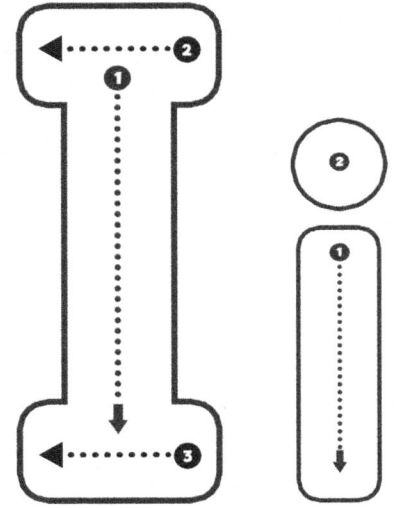

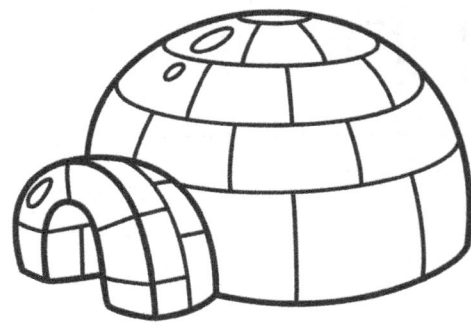

Igloo

A B C D E F G H I J K L M I N O P Q R S T U V W X Y Z

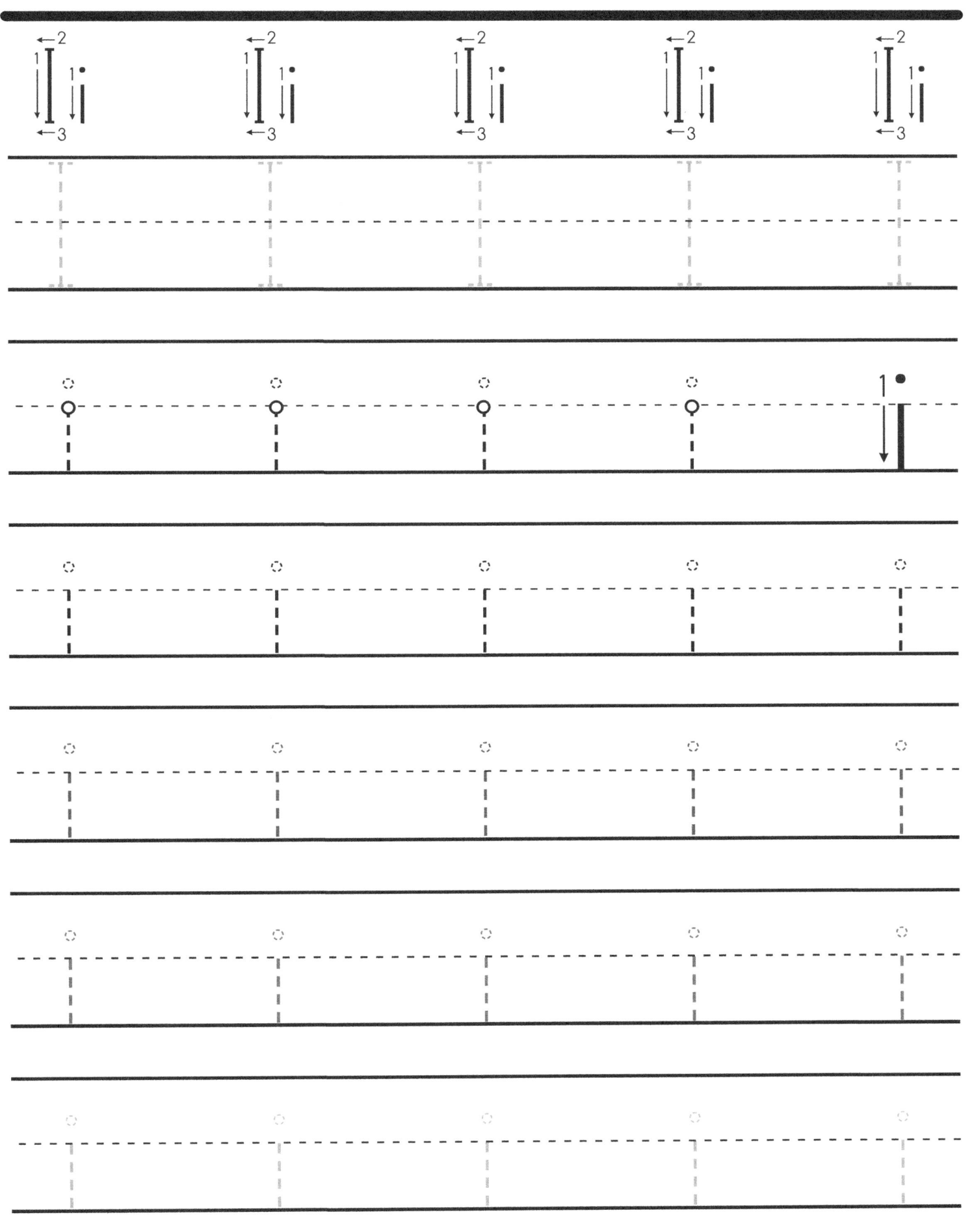

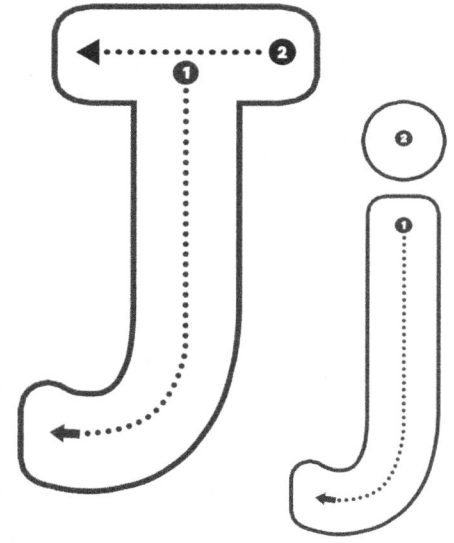

Jellyfish

A B C D E F G H I J K L M **J** N O P Q R S T U V W X Y Z

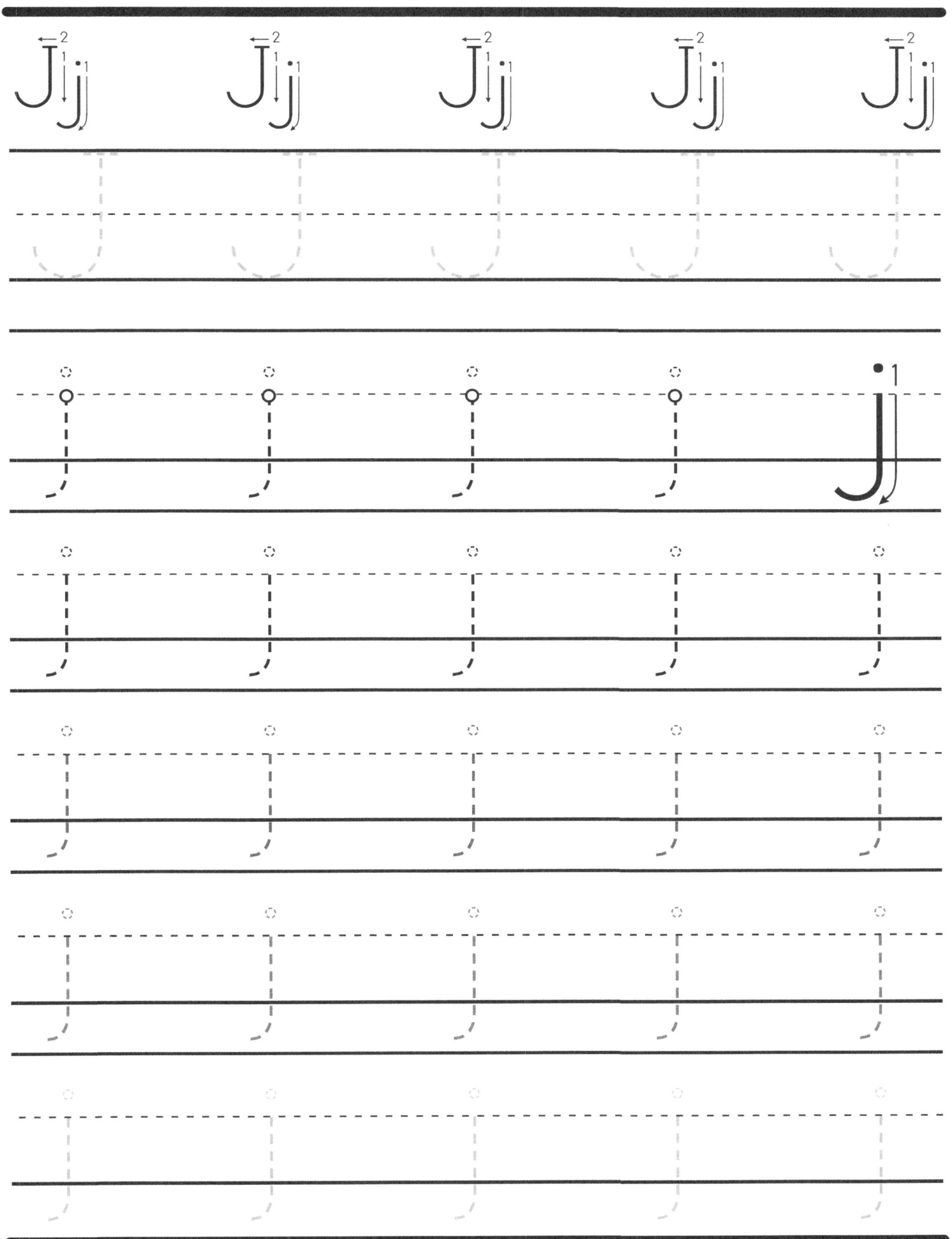

Kangaroo

A B C D E F G H I J K L M  N O P Q R S T U V W X Y Z

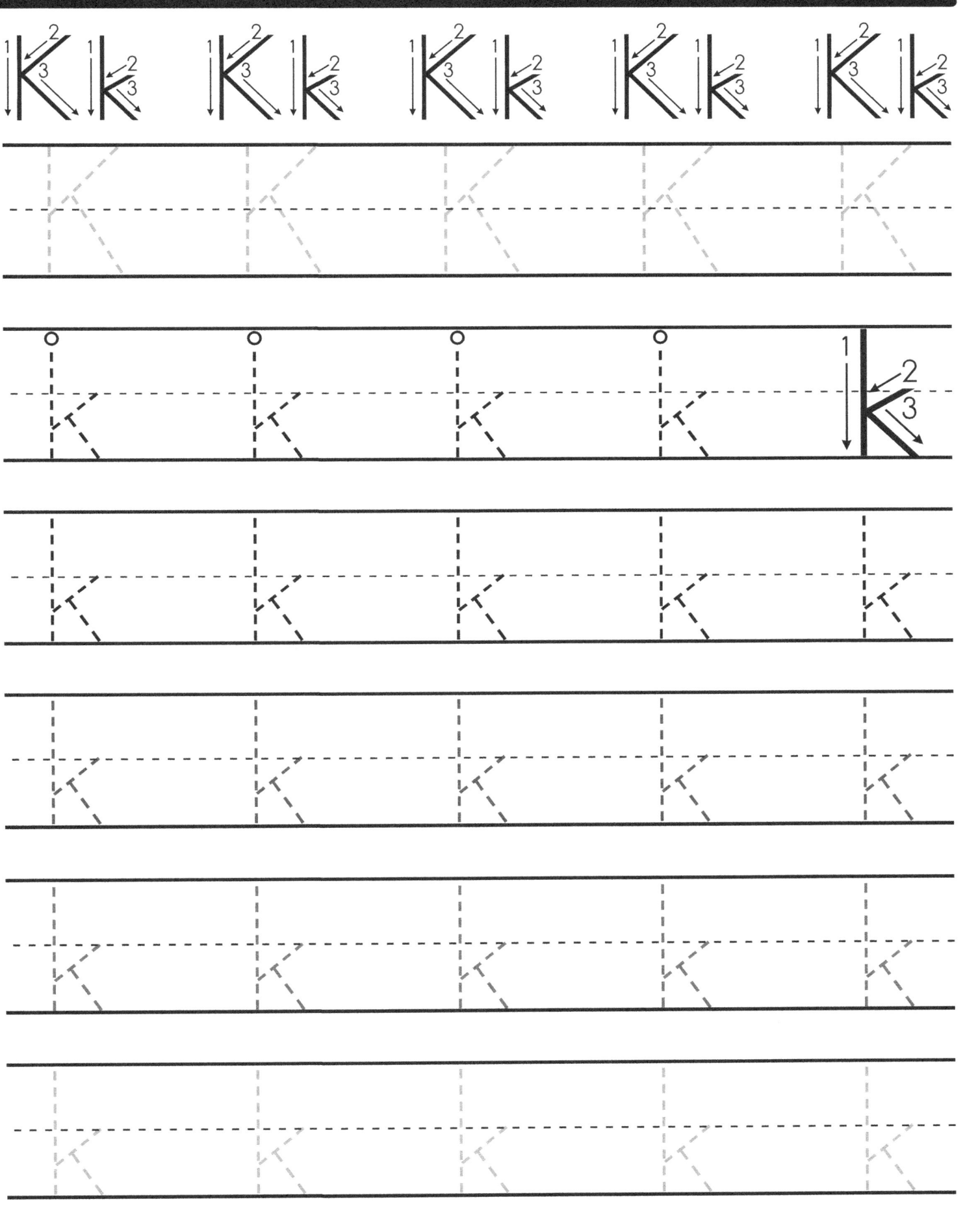

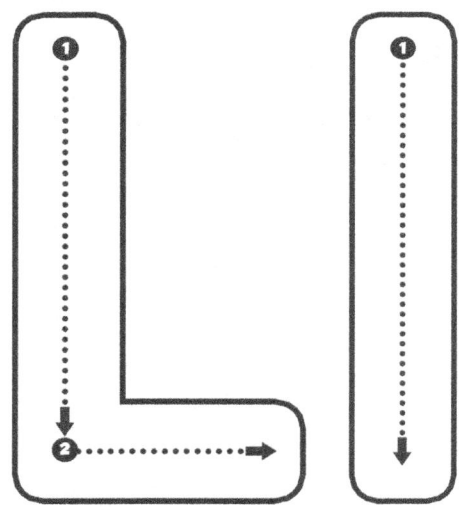

Lion

ABCDEFGHIJKLM L NOPQRSTUVWXYZ

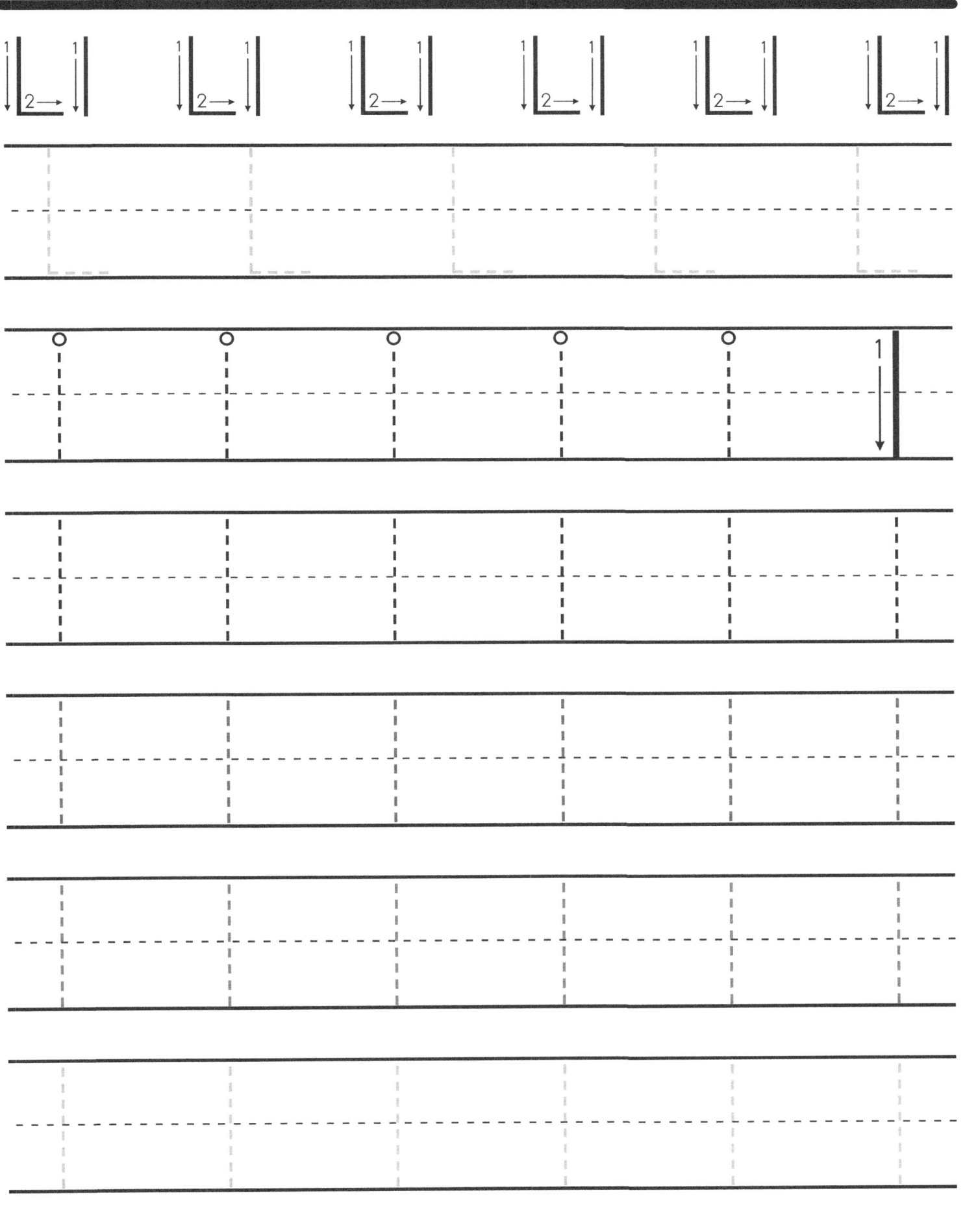

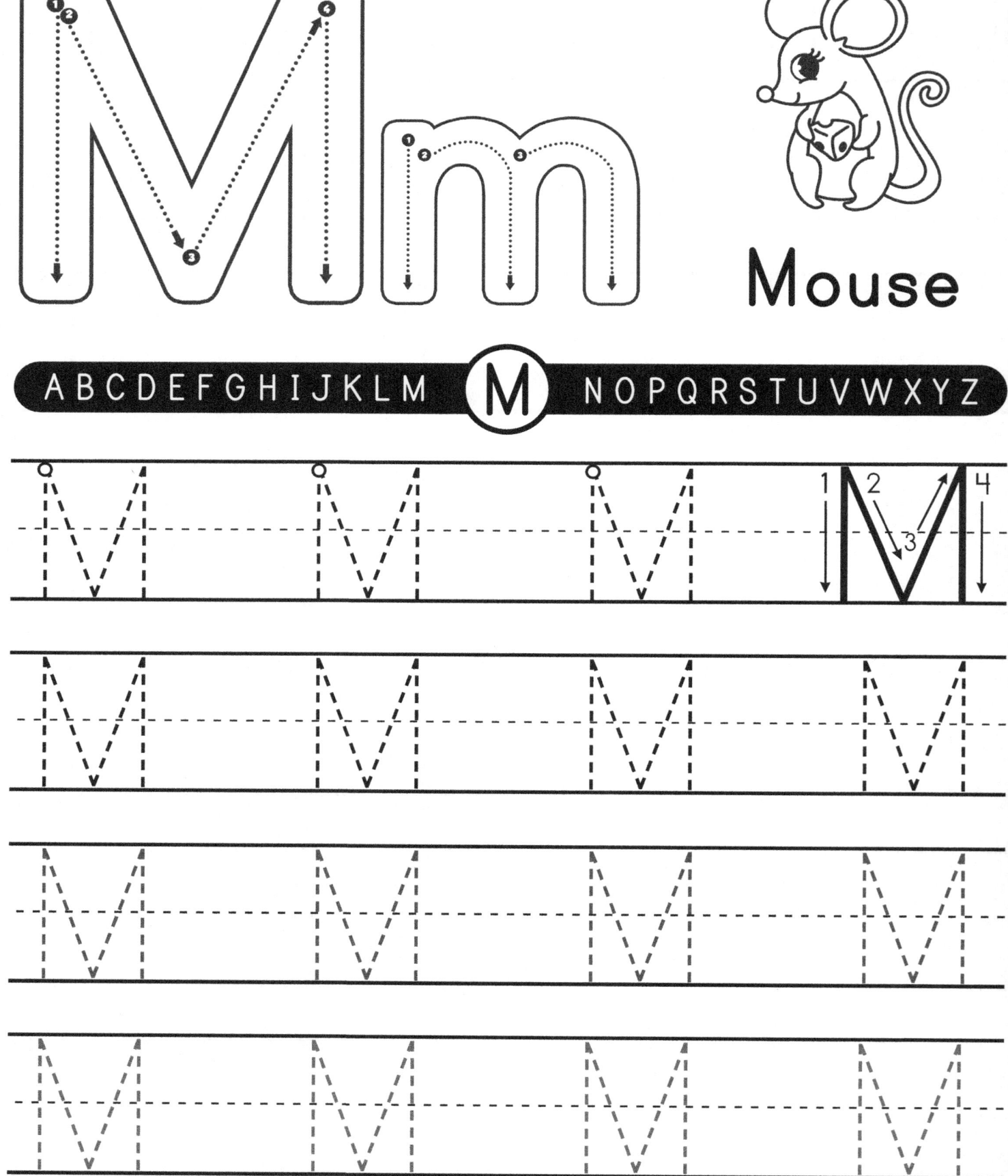

Mouse

ABCDEFGHIJKLM Ⓜ M NOPQRSTUVWXYZ

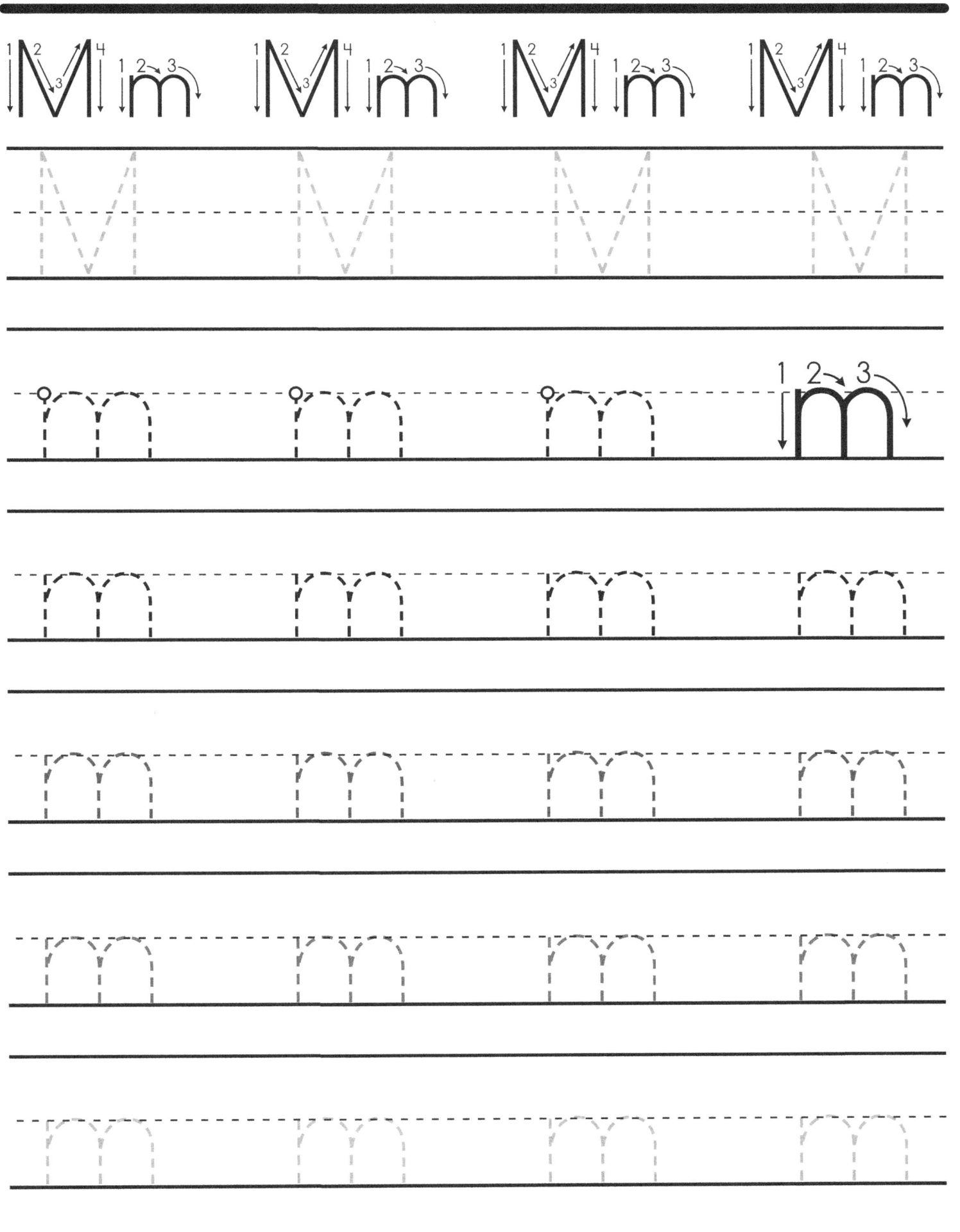

Nest

A B C D E F G H I J K L M **N** N O P Q R S T U V W X Y Z

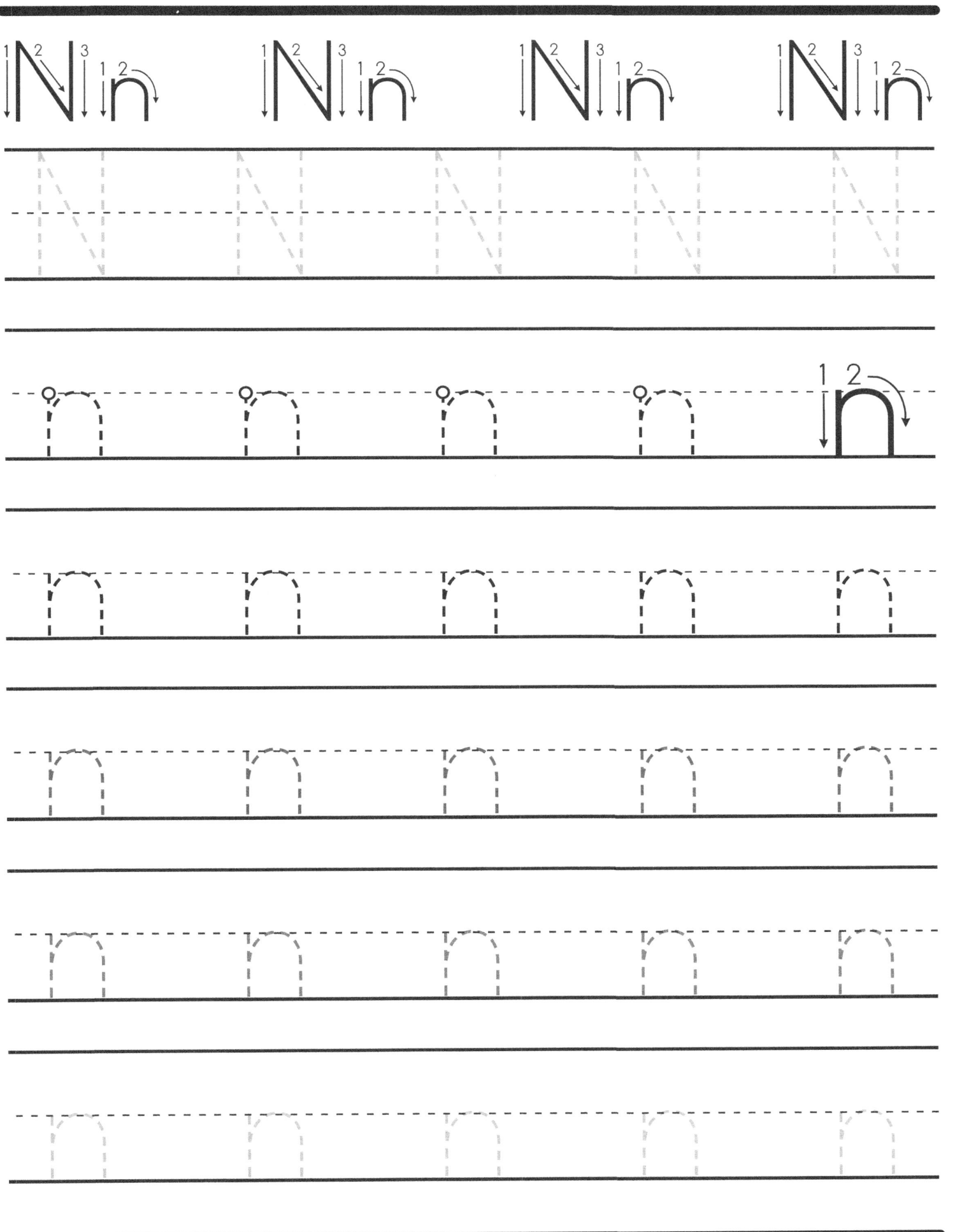

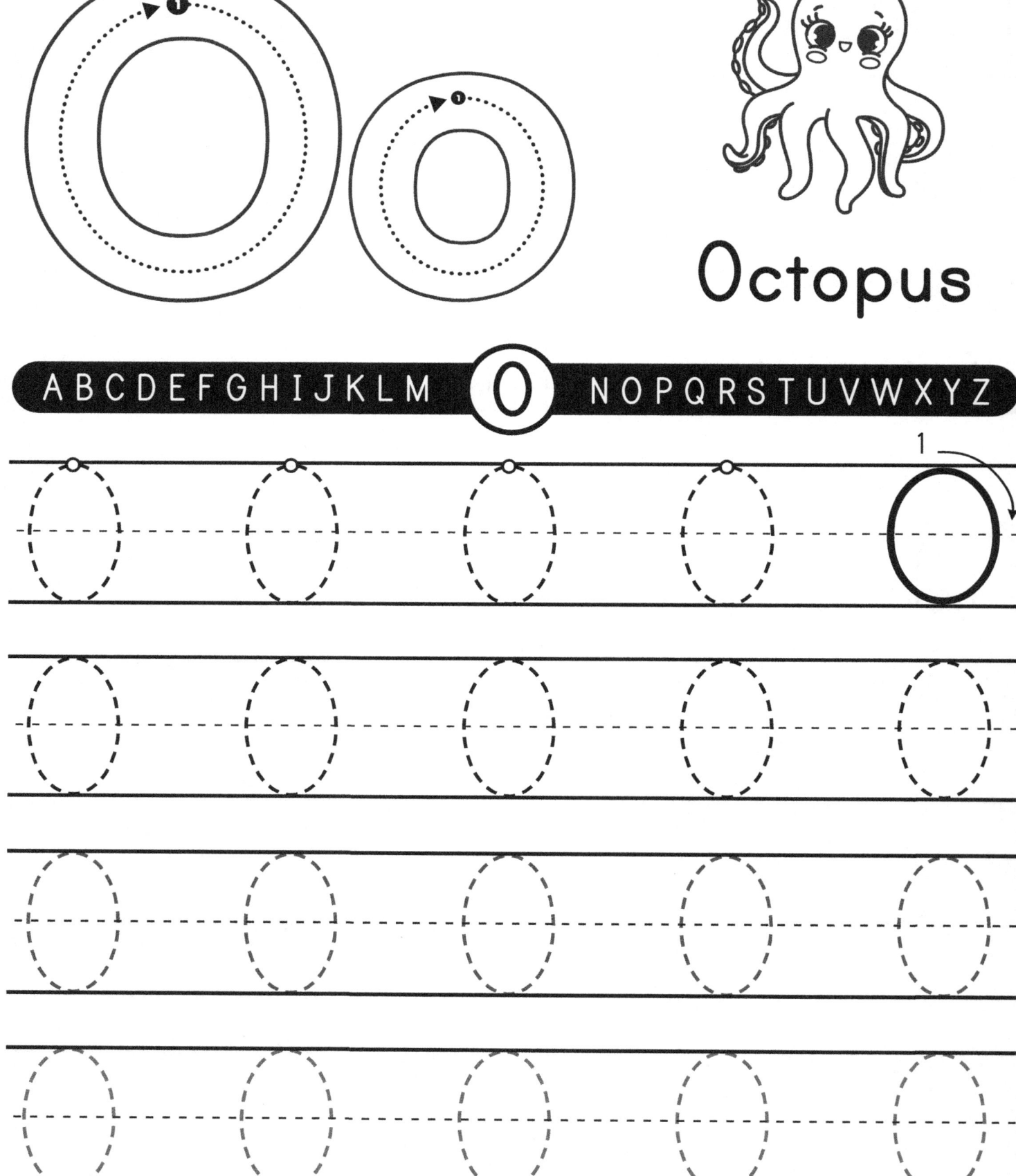

Octopus

A B C D E F G H I J K L M O N O P Q R S T U V W X Y Z

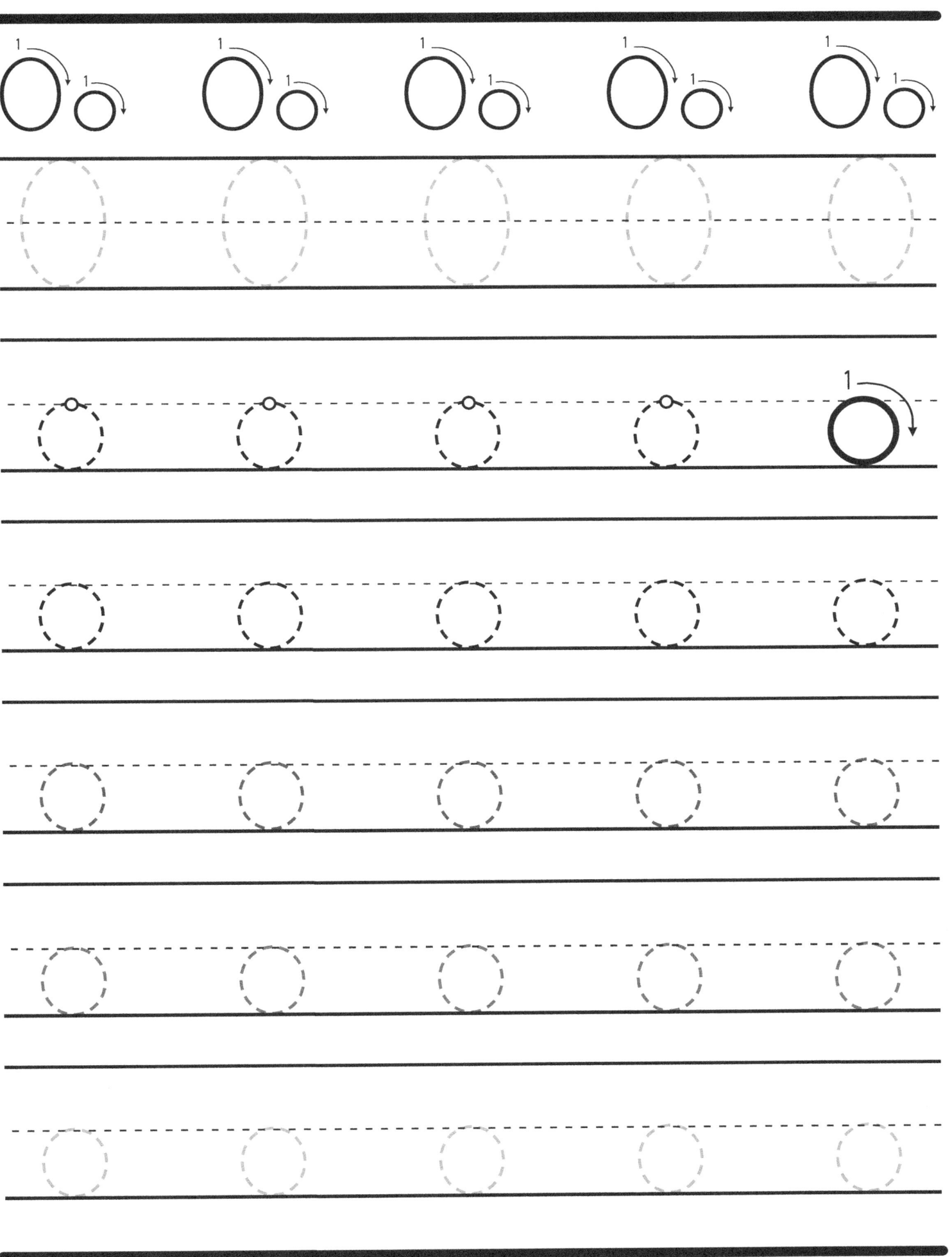

Penguin

A B C D E F G H I J K L M P N O P Q R S T U V W X Y Z

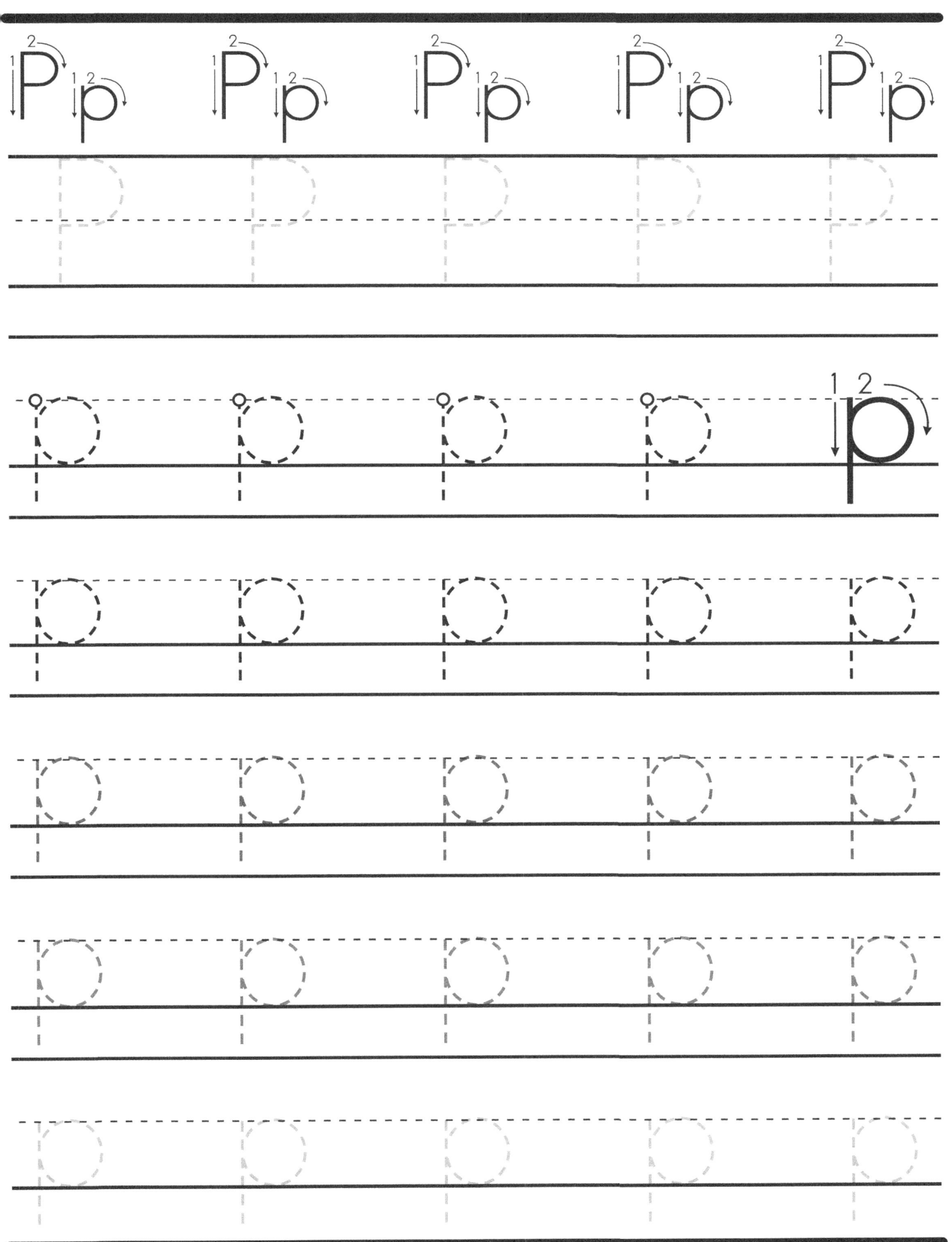

Queen

A B C D E F G H I J K L M Q N O P Q R S T U V W X Y Z

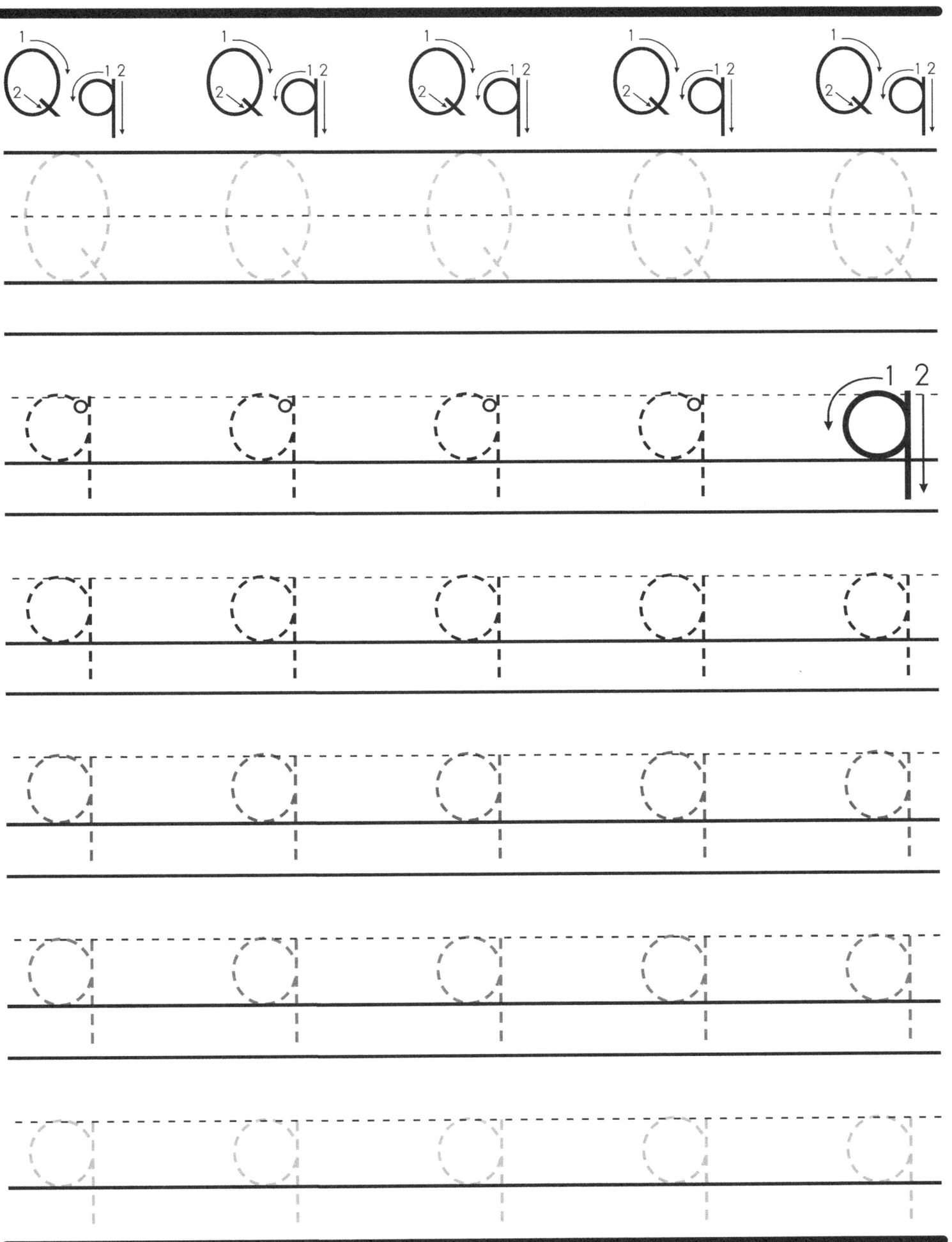

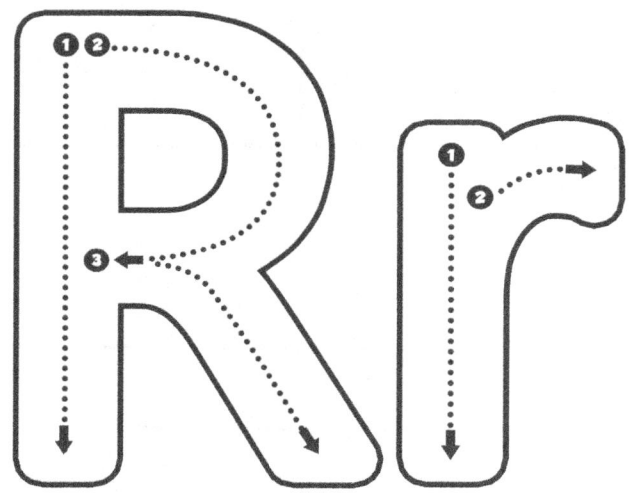

Rhino

ABCDEFGHIJKLM **R** NOPQRSTUVWXYZ

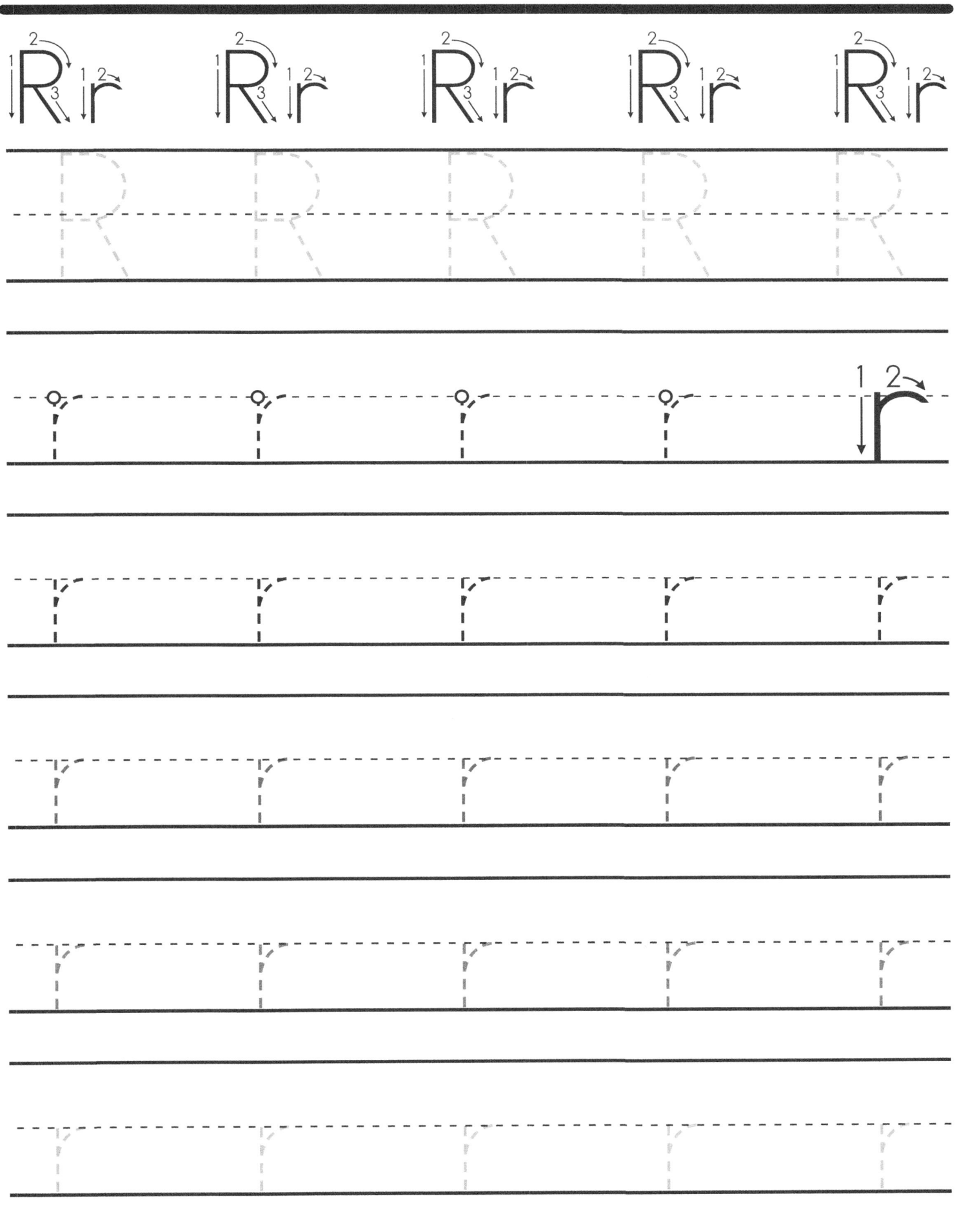

Sun

A B C D E F G H I J K L M Ⓢ N O P Q R S T U V W X Y Z

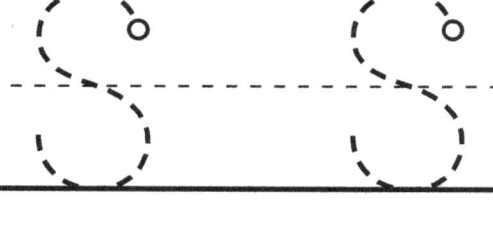 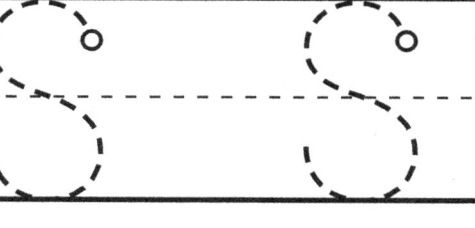 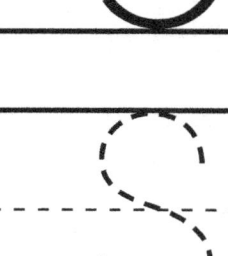

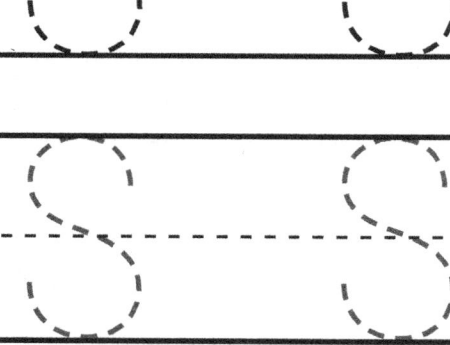 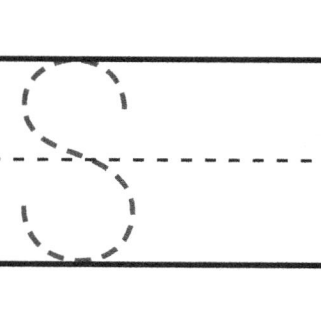 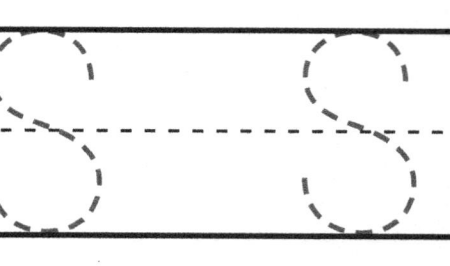

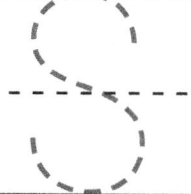 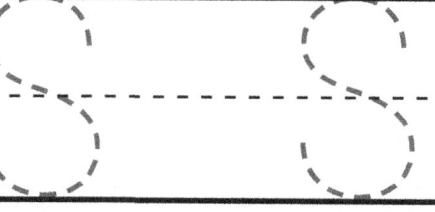 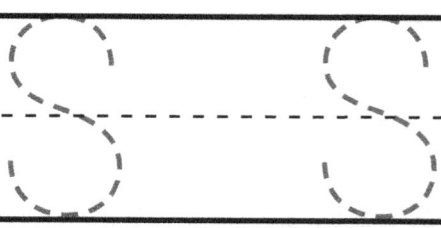

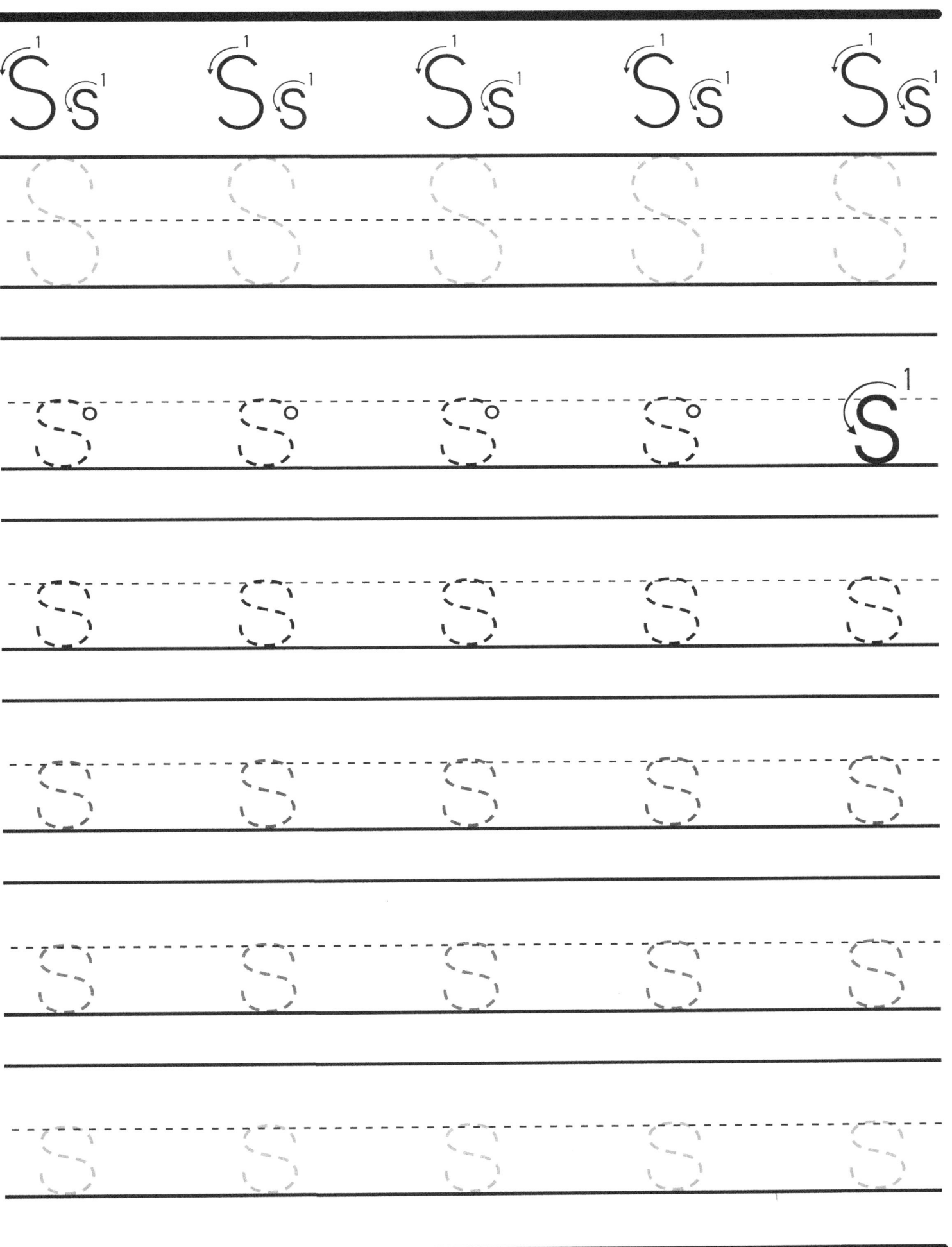

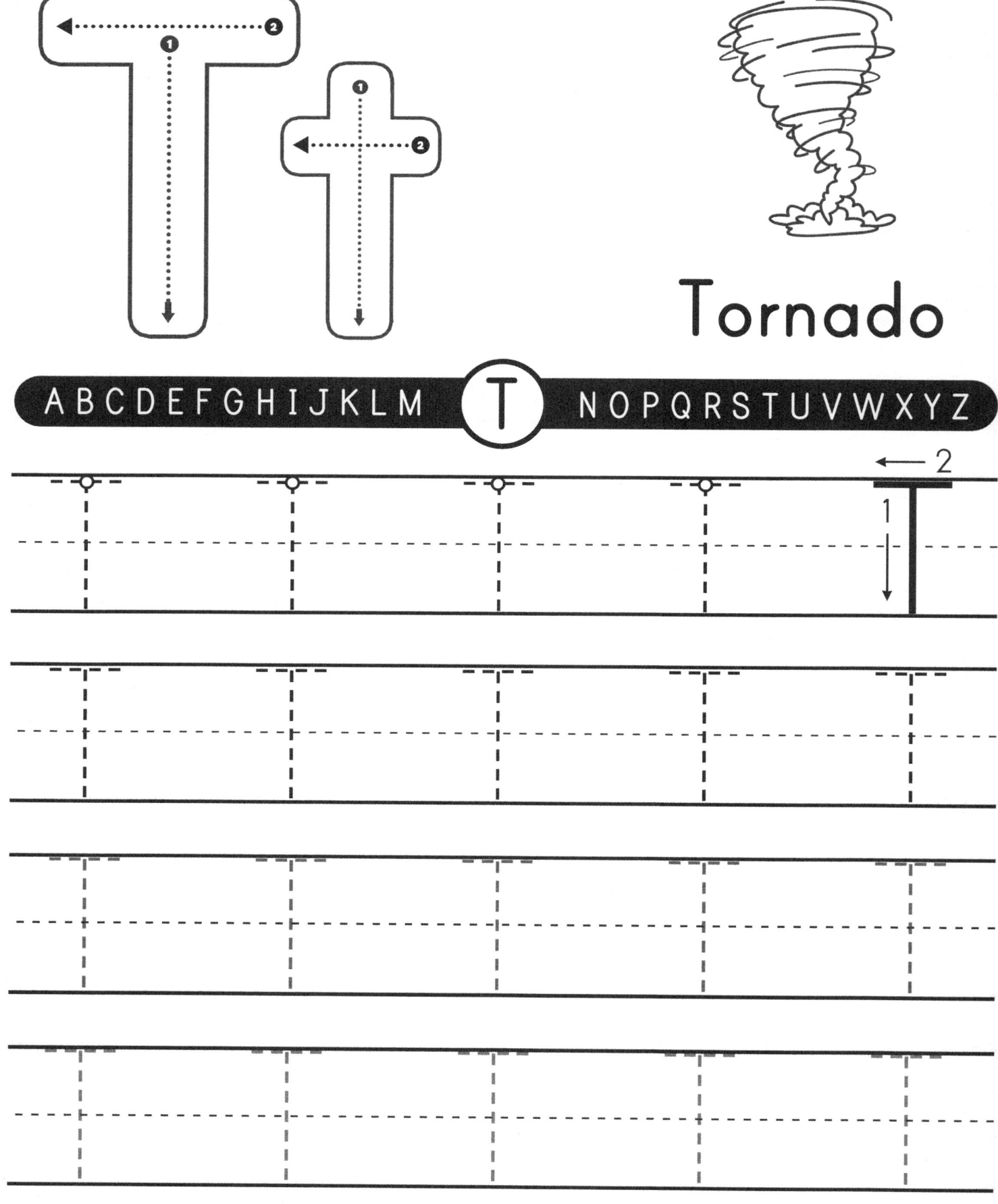

Tornado

A B C D E F G H I J K L M T N O P Q R S T U V W X Y Z

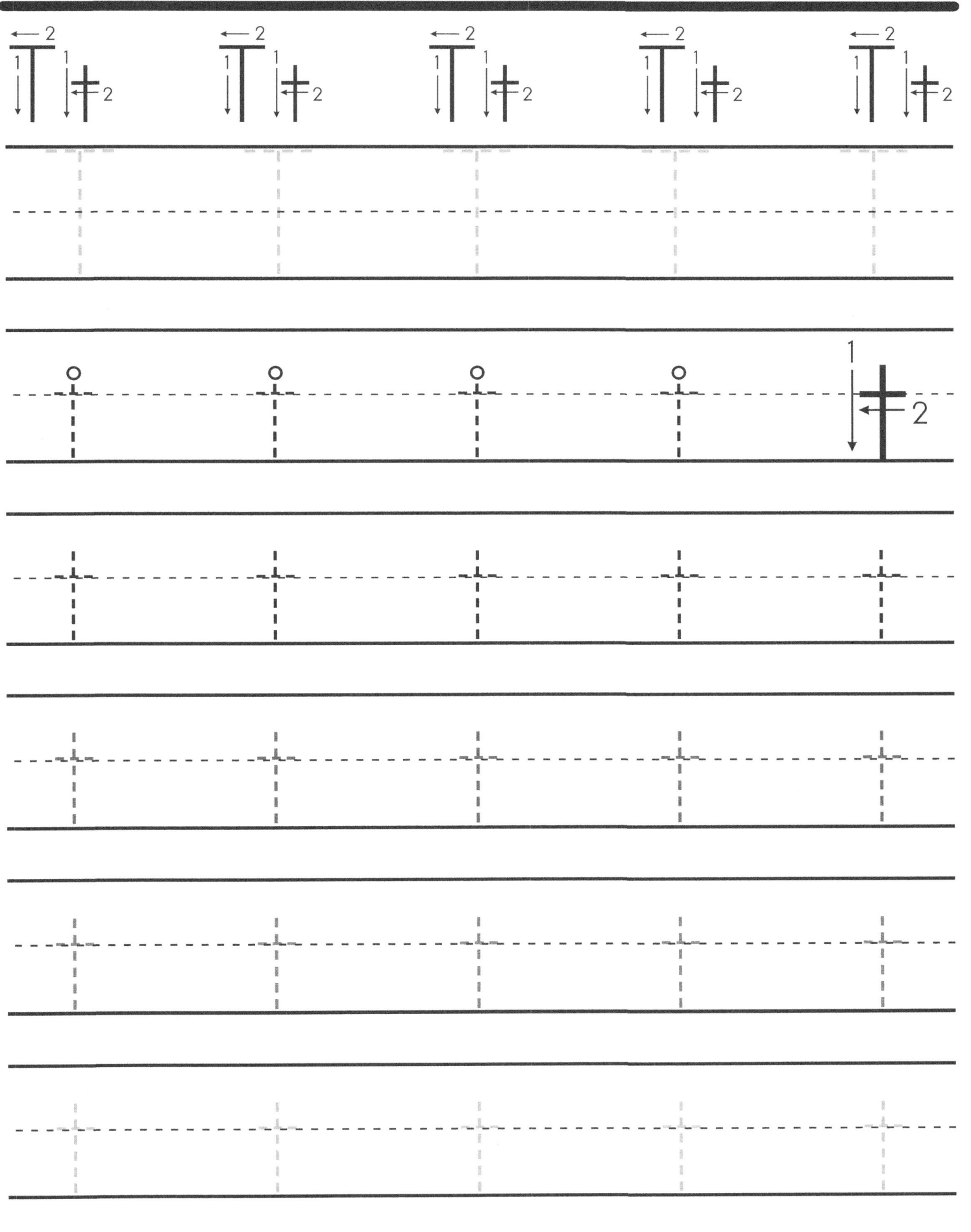

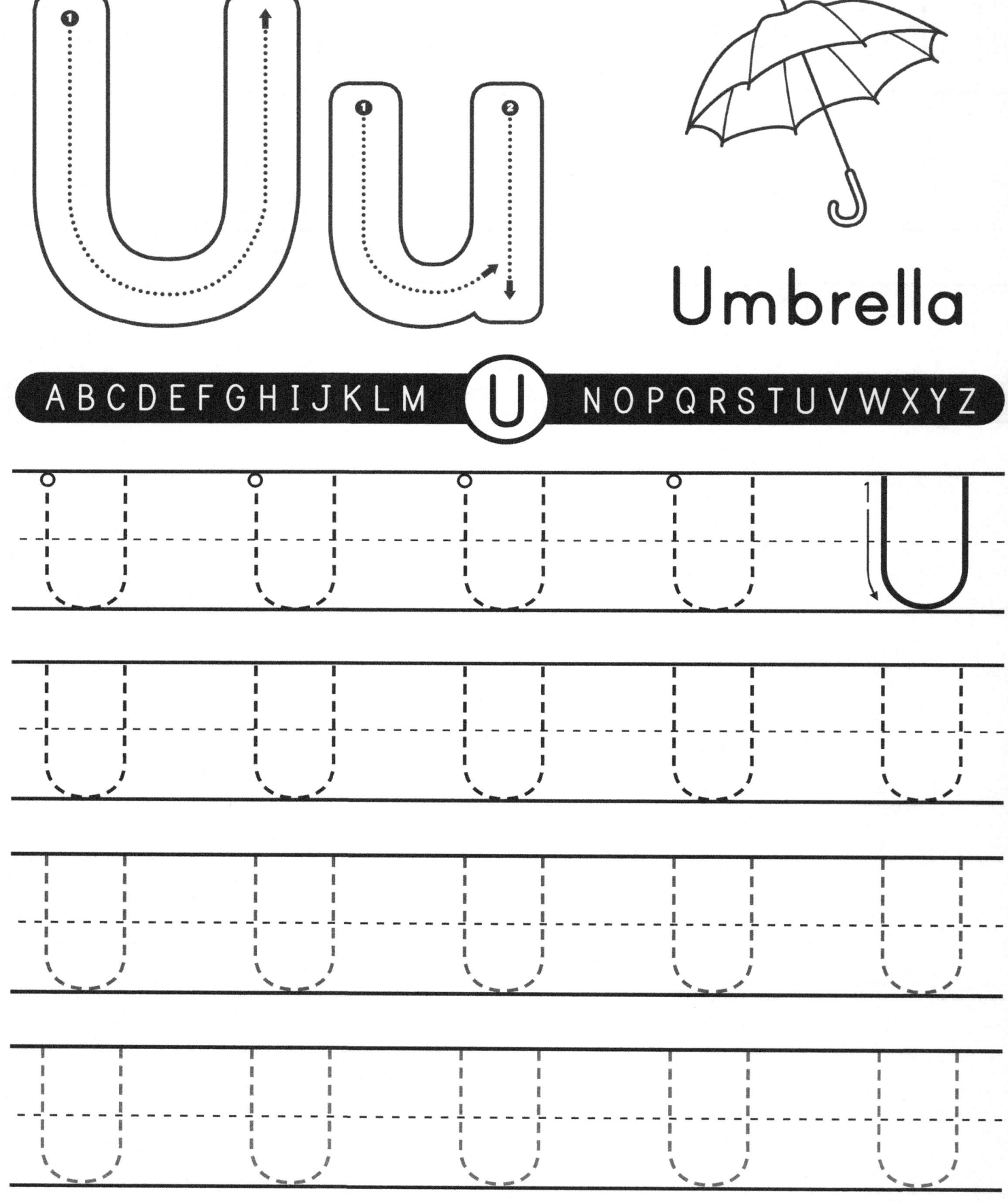

Umbrella

A B C D E F G H I J K L M U N O P Q R S T U V W X Y Z

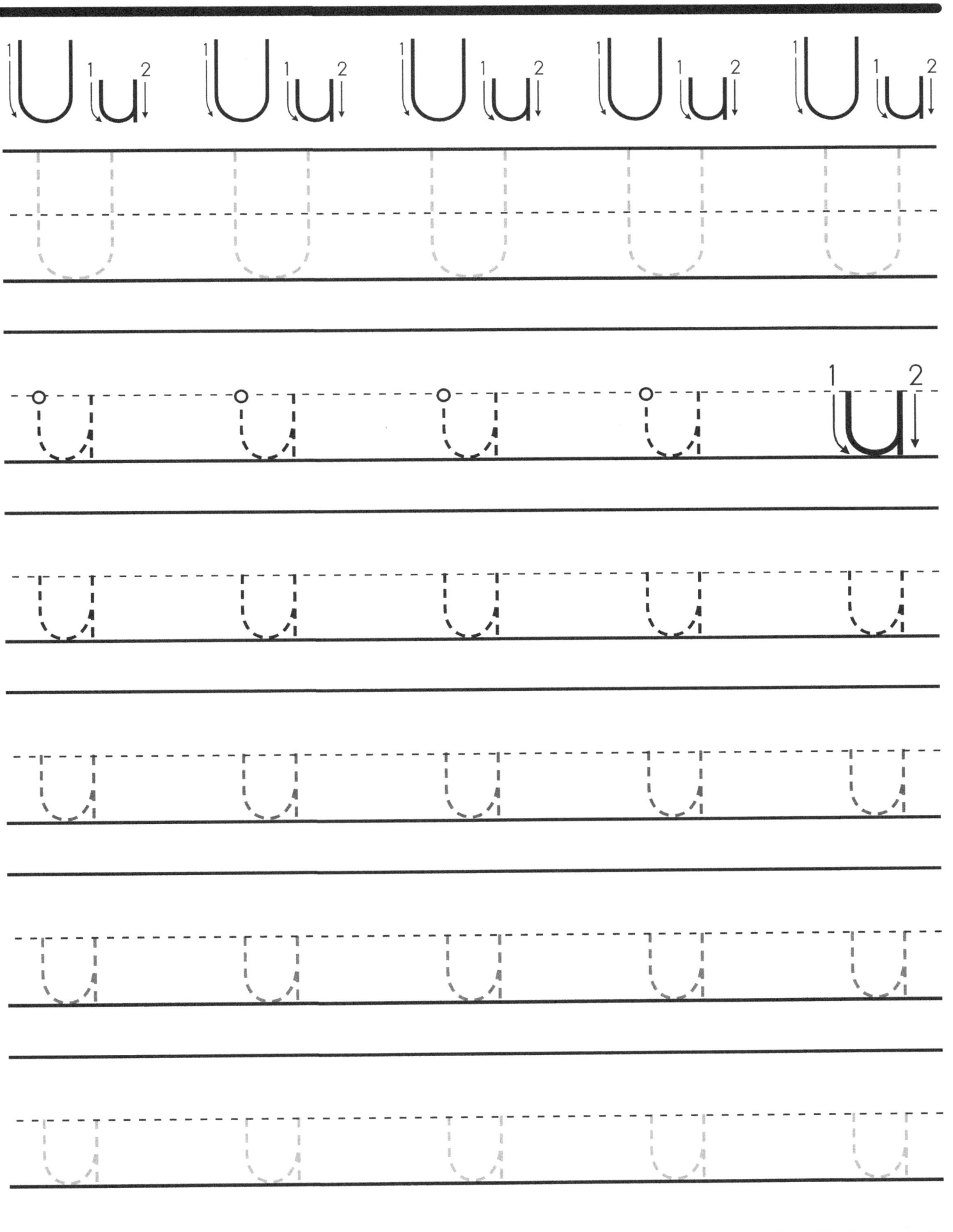

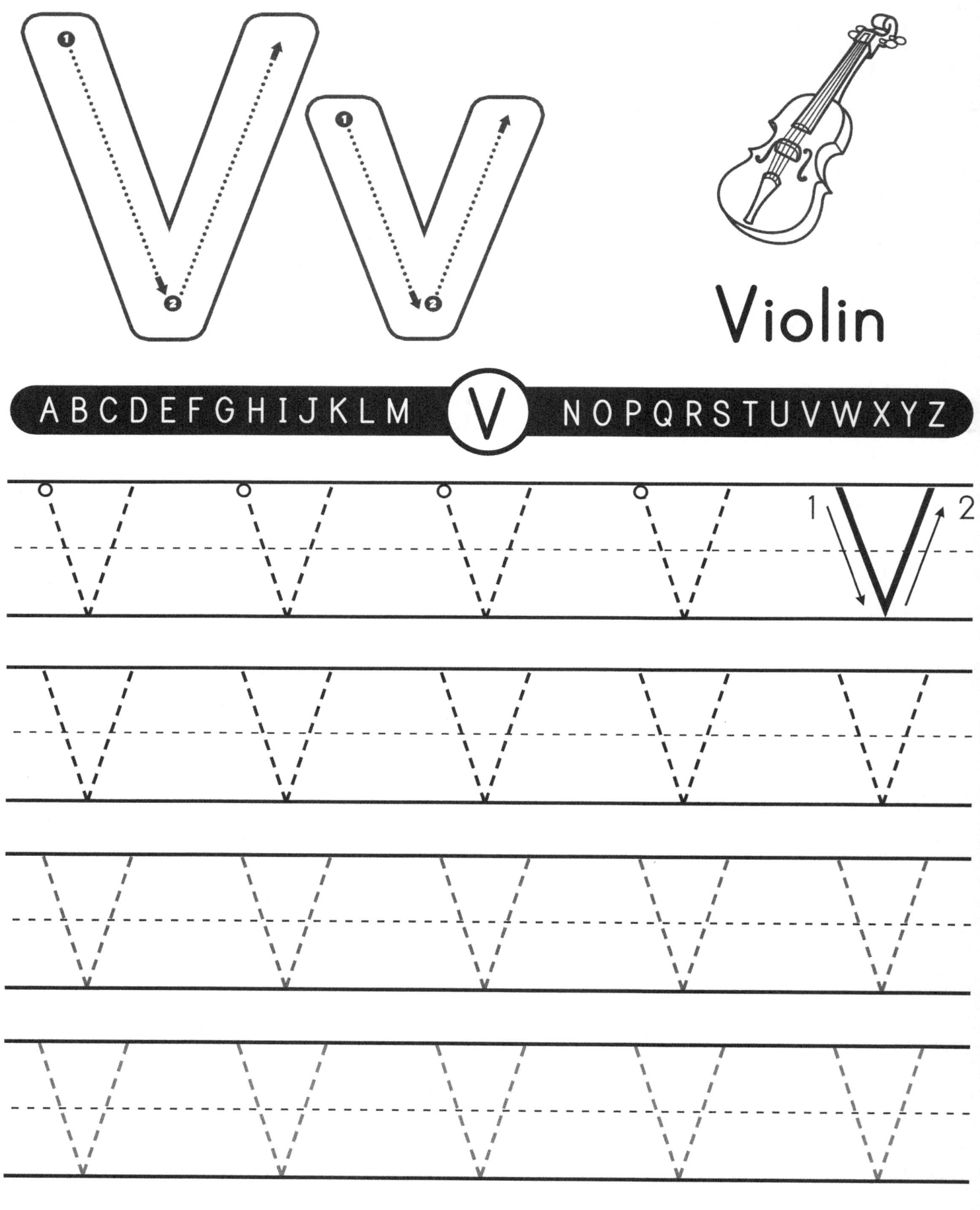

Violin

ABCDEFGHIJKLM **V** NOPQRSTUVWXYZ

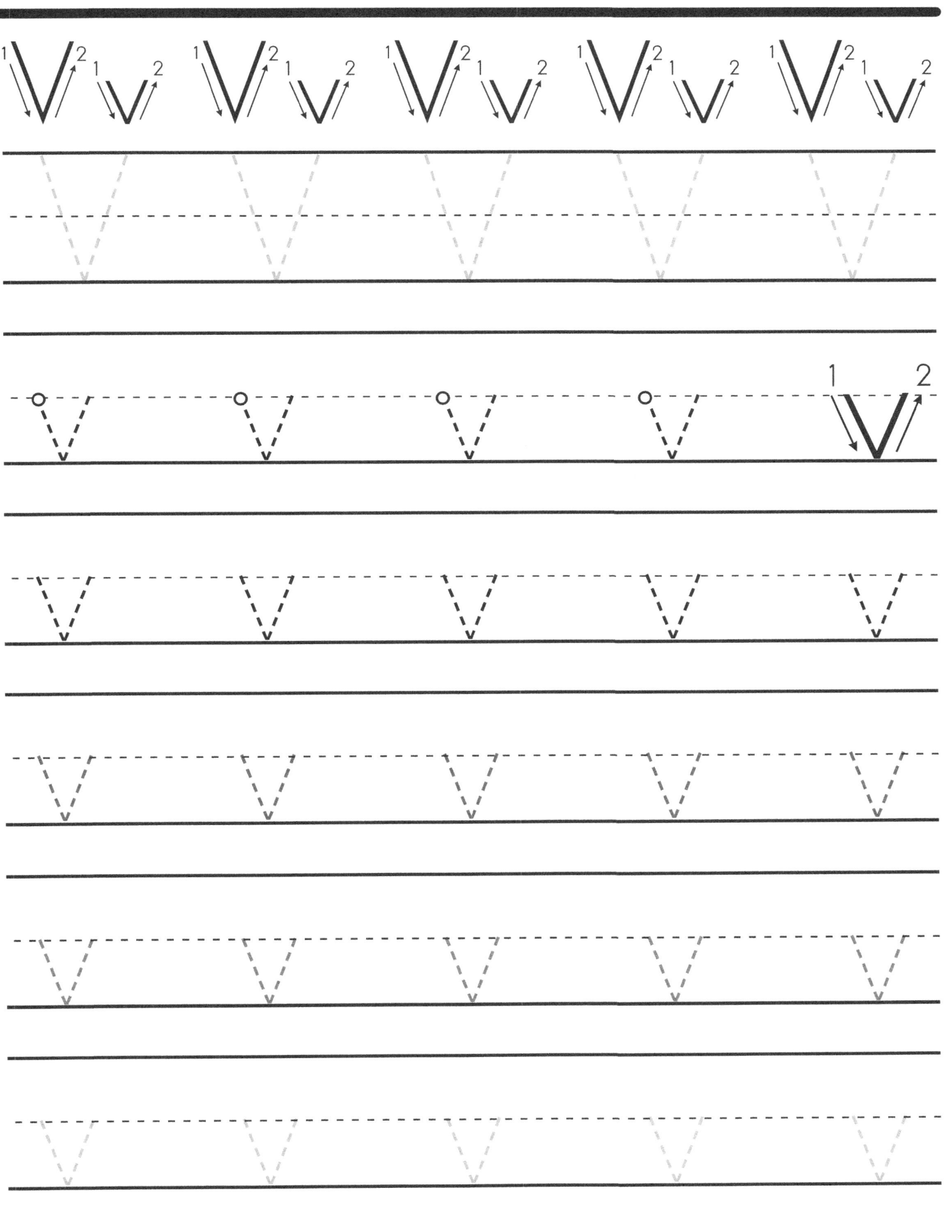

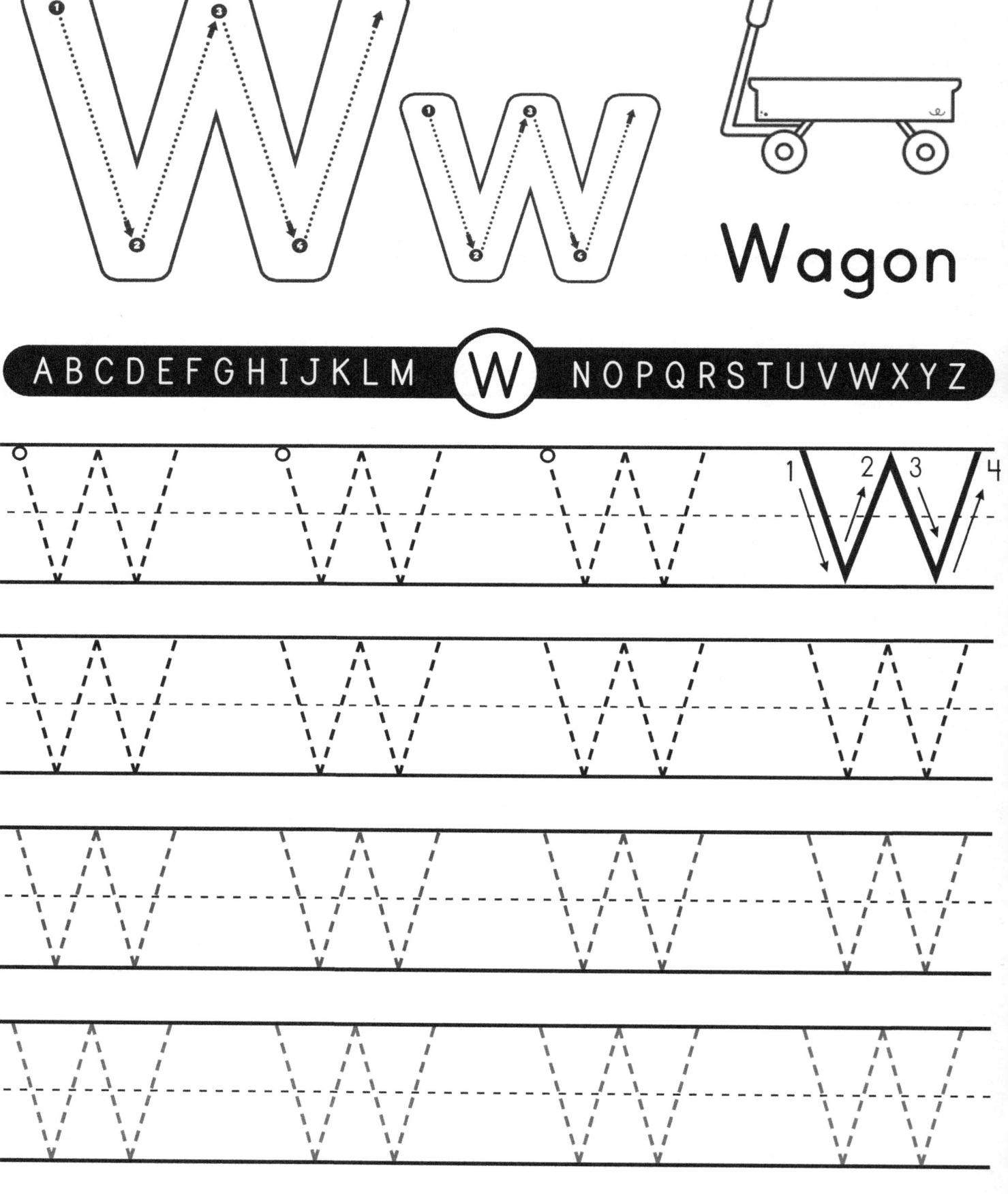

Wagon

A B C D E F G H I J K L M (W) N O P Q R S T U V W X Y Z

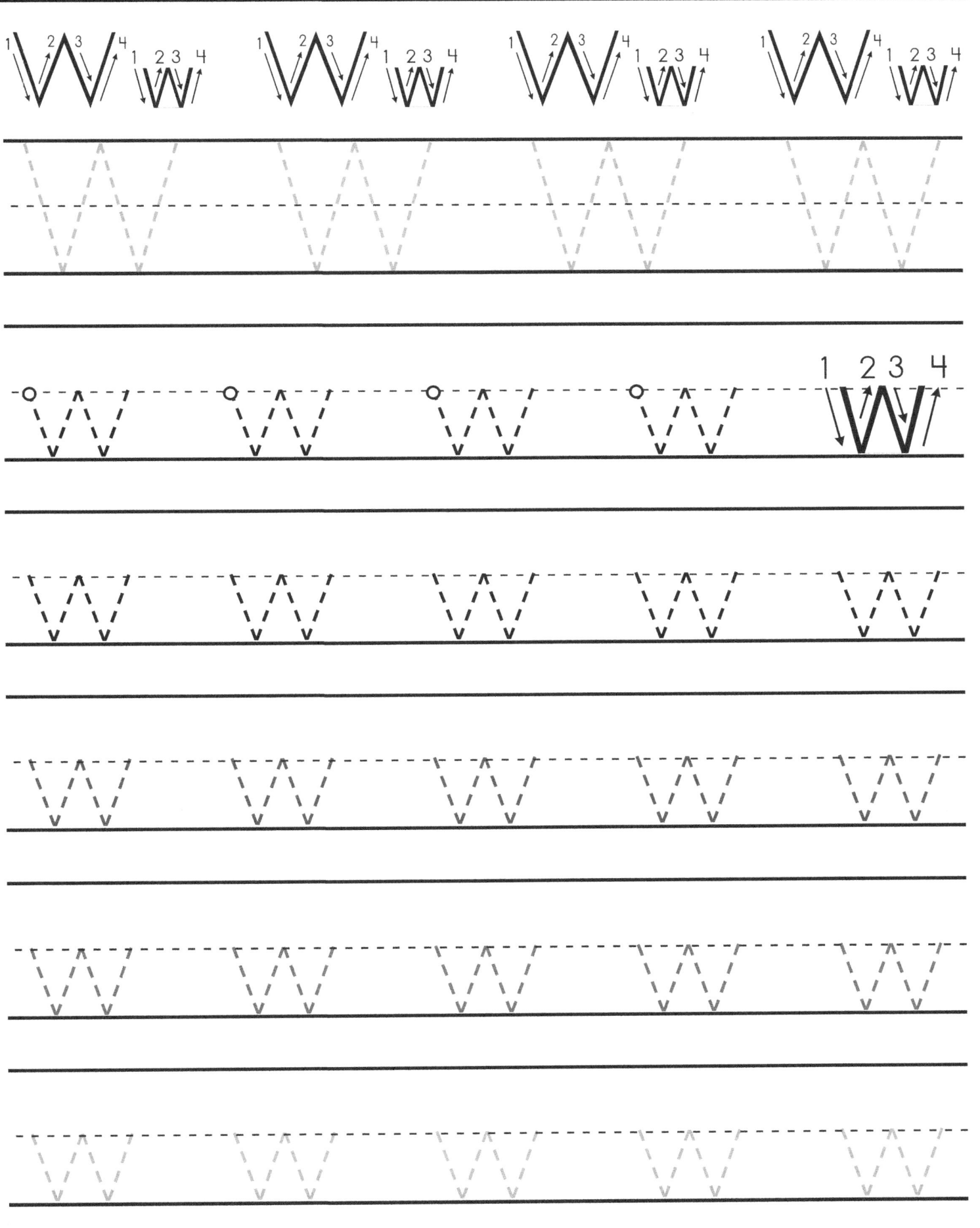

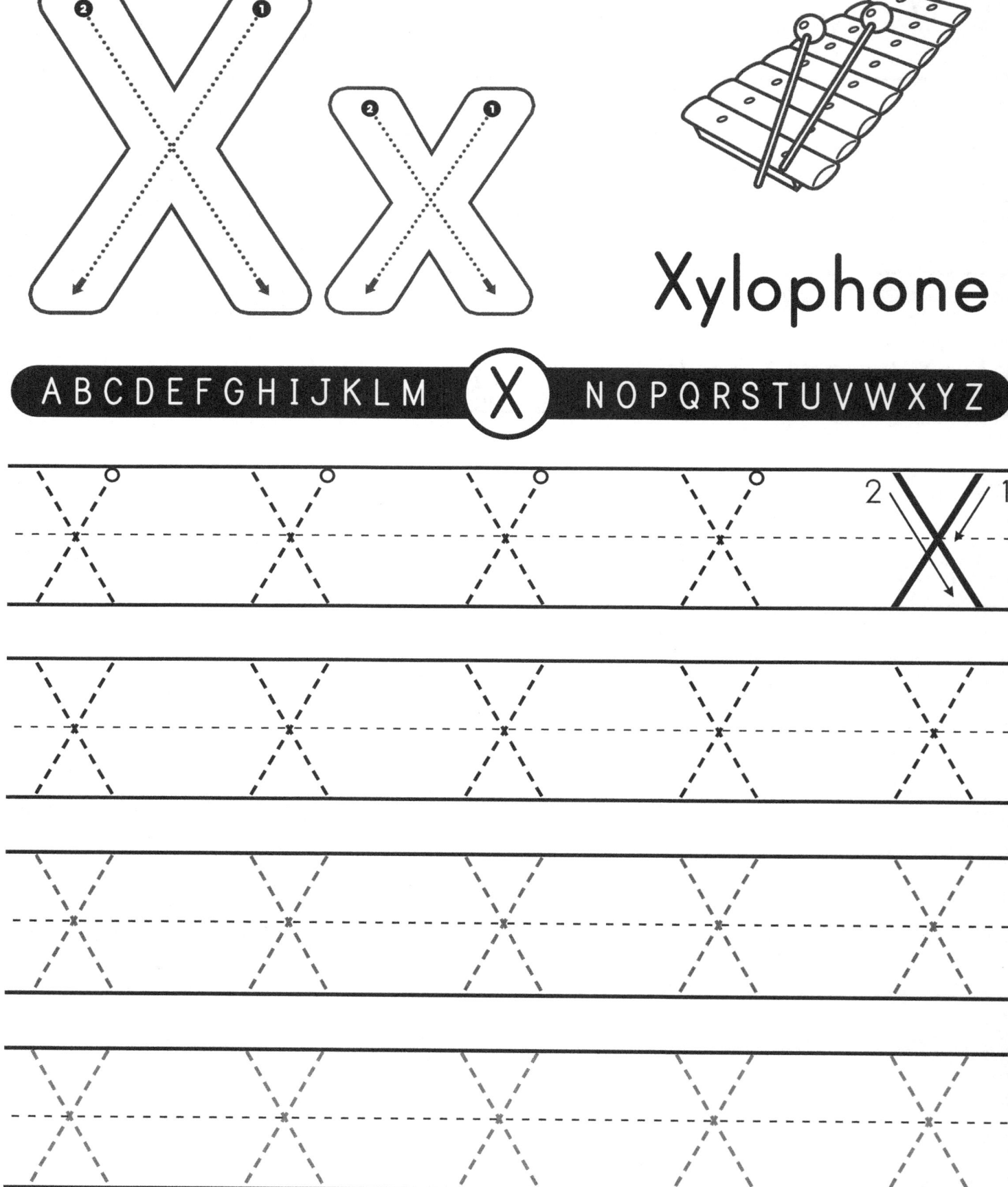

Xylophone

A B C D E F G H I J K L M X N O P Q R S T U V W X Y Z

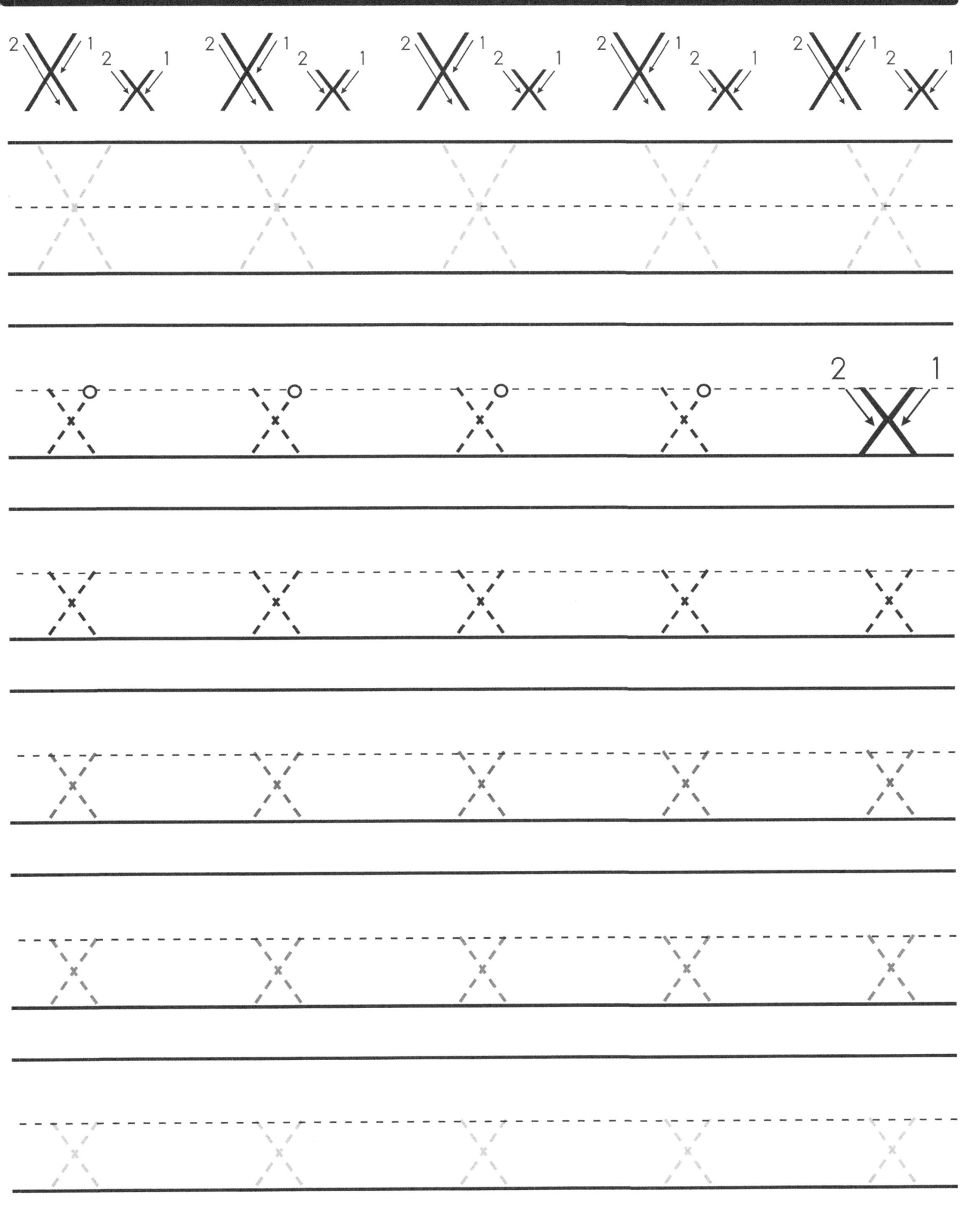

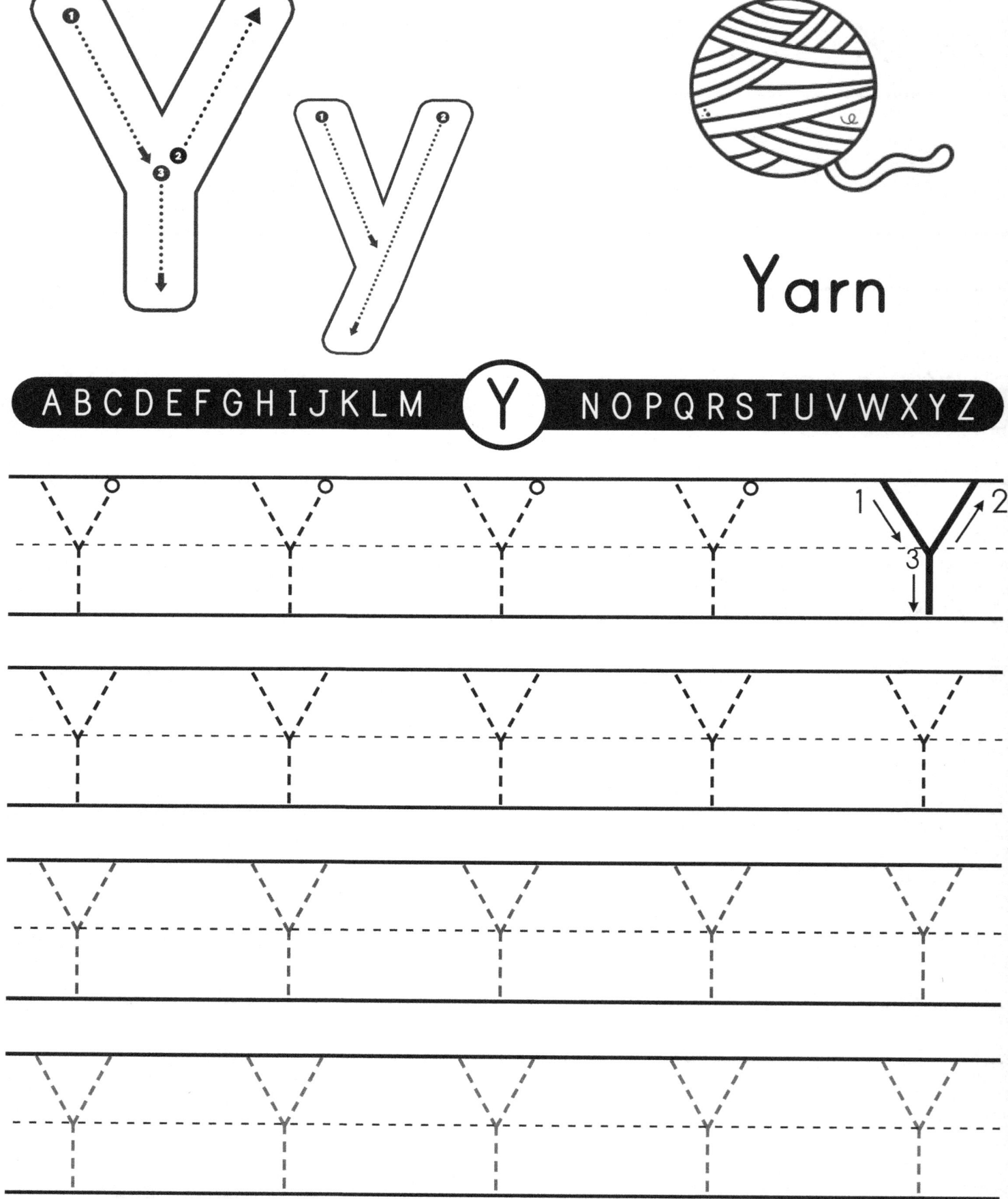

Yarn

A B C D E F G H I J K L M **Y** N O P Q R S T U V W X Y Z

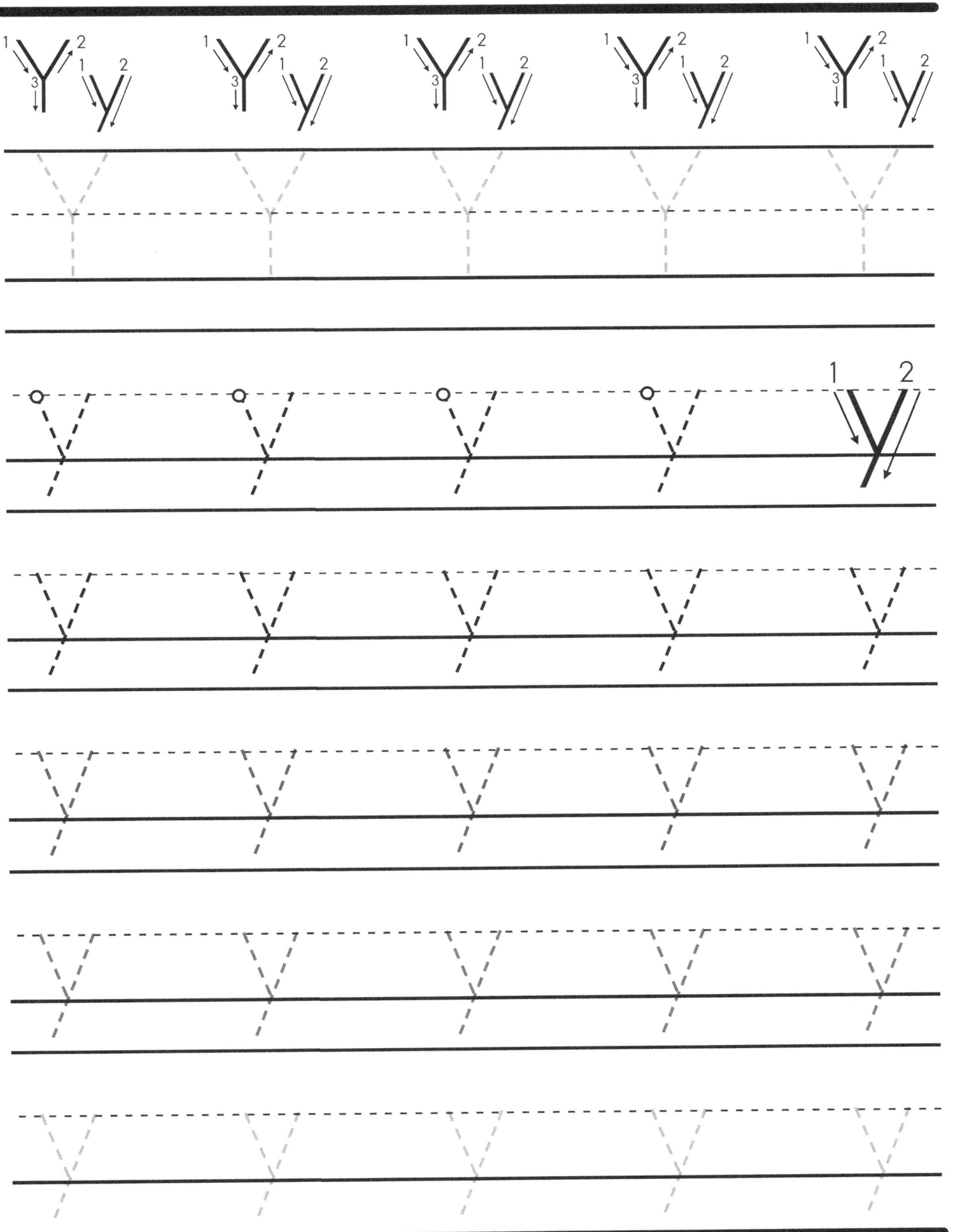

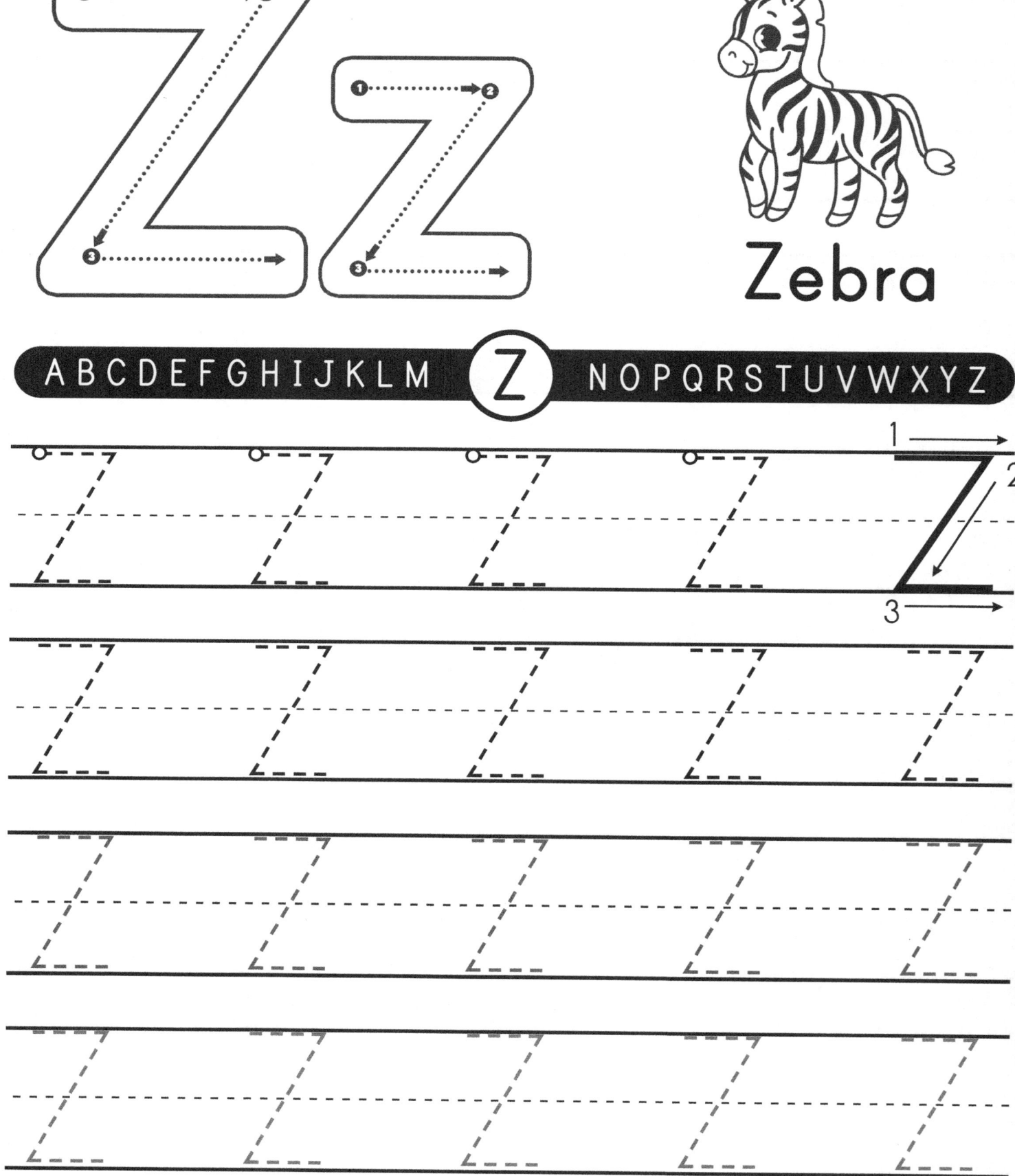

Zebra

A B C D E F G H I J K L M Z N O P Q R S T U V W X Y Z

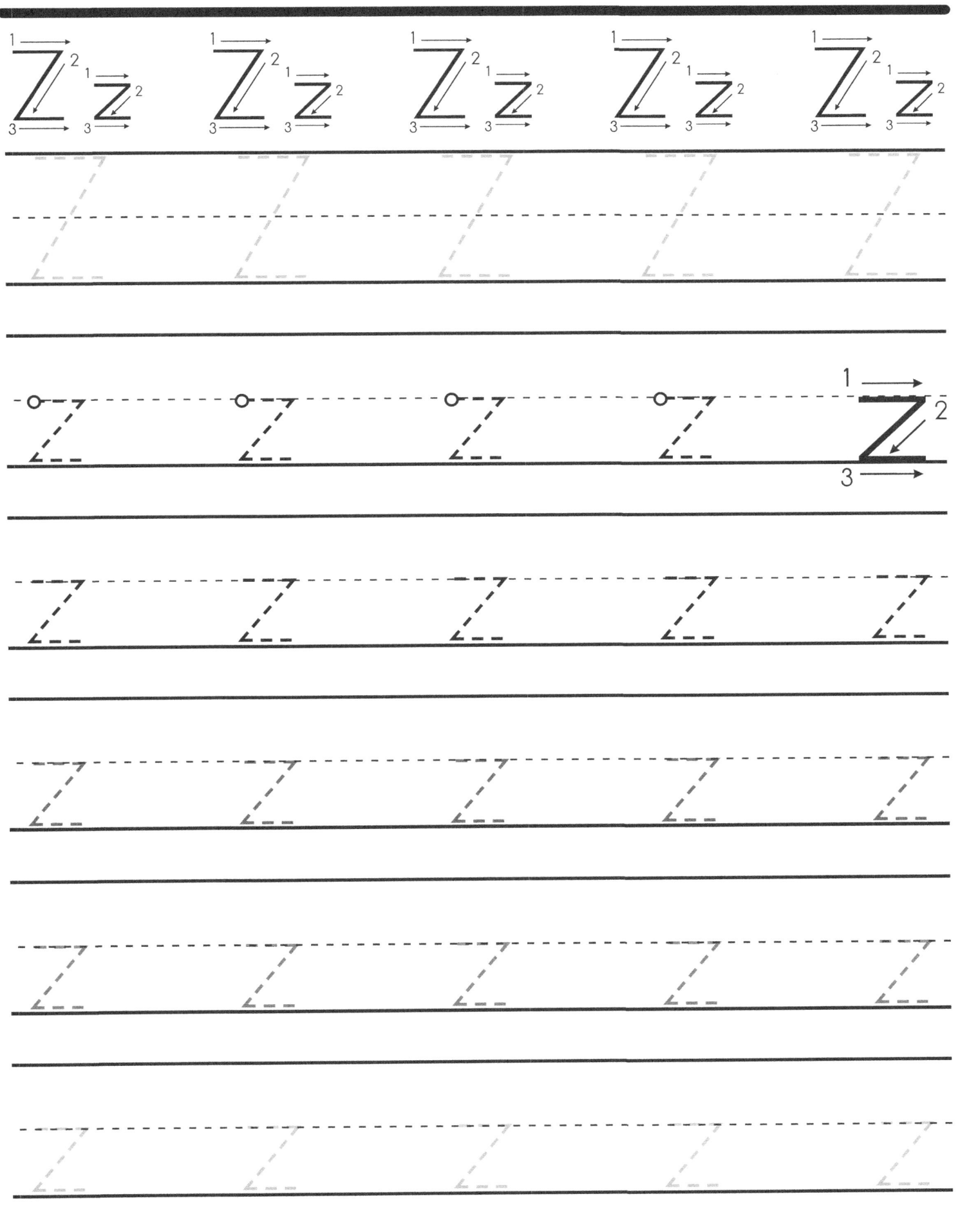

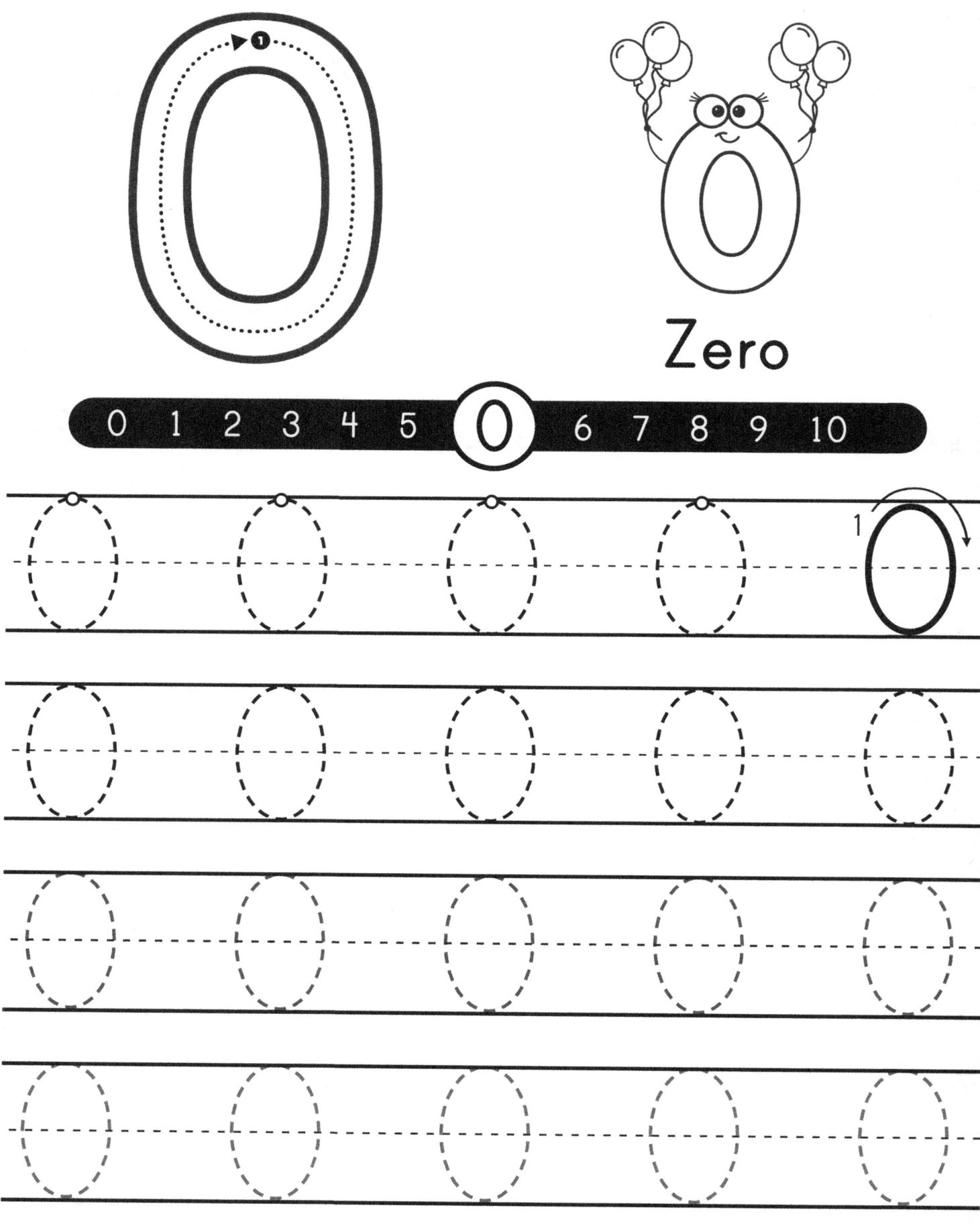

Zero

0 1 2 3 4 5 0 6 7 8 9 10

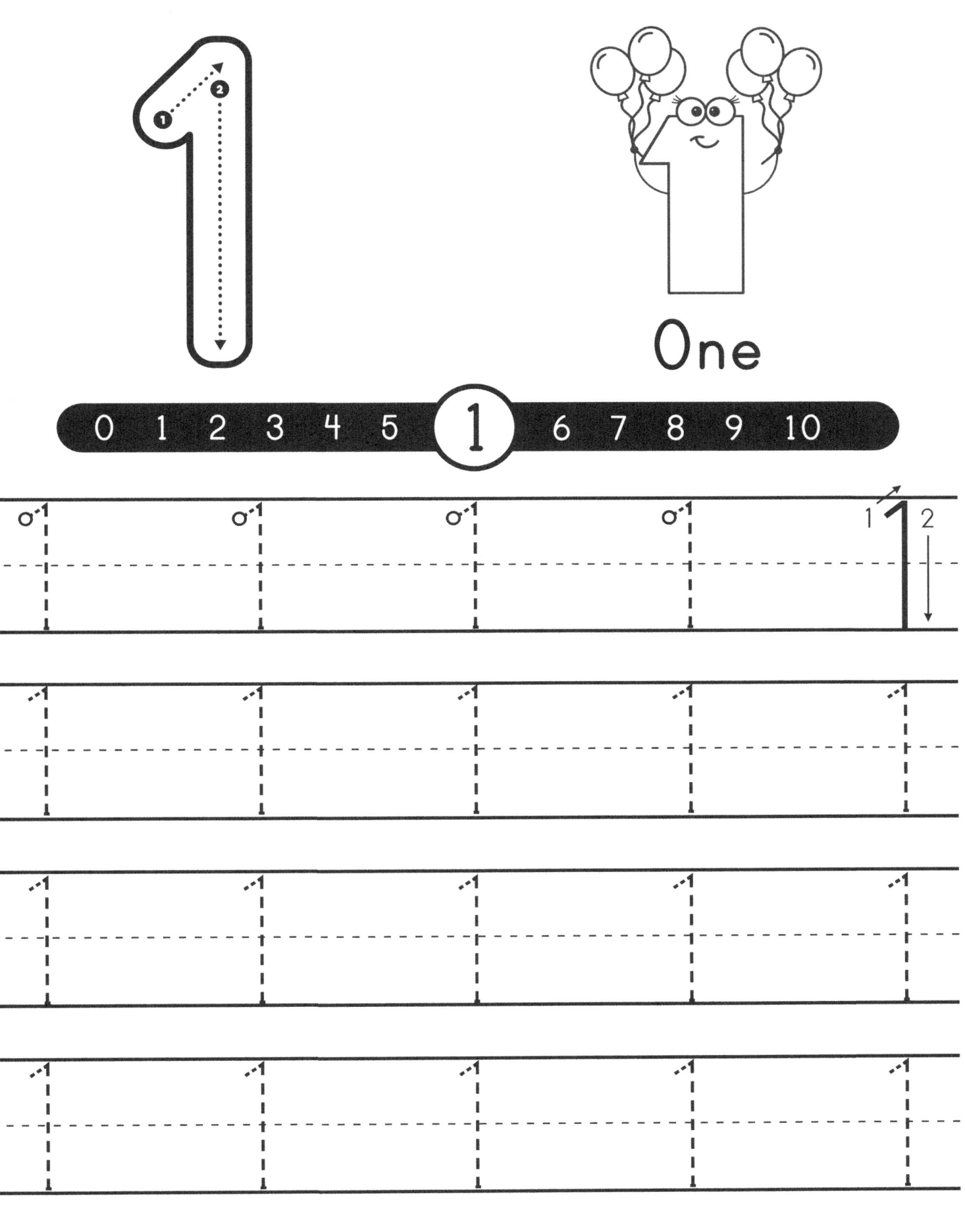

One

0 1 2 3 4 5 1 6 7 8 9 10

Two

Three

0 1 2 3 4 5 ③ 6 7 8 9 10

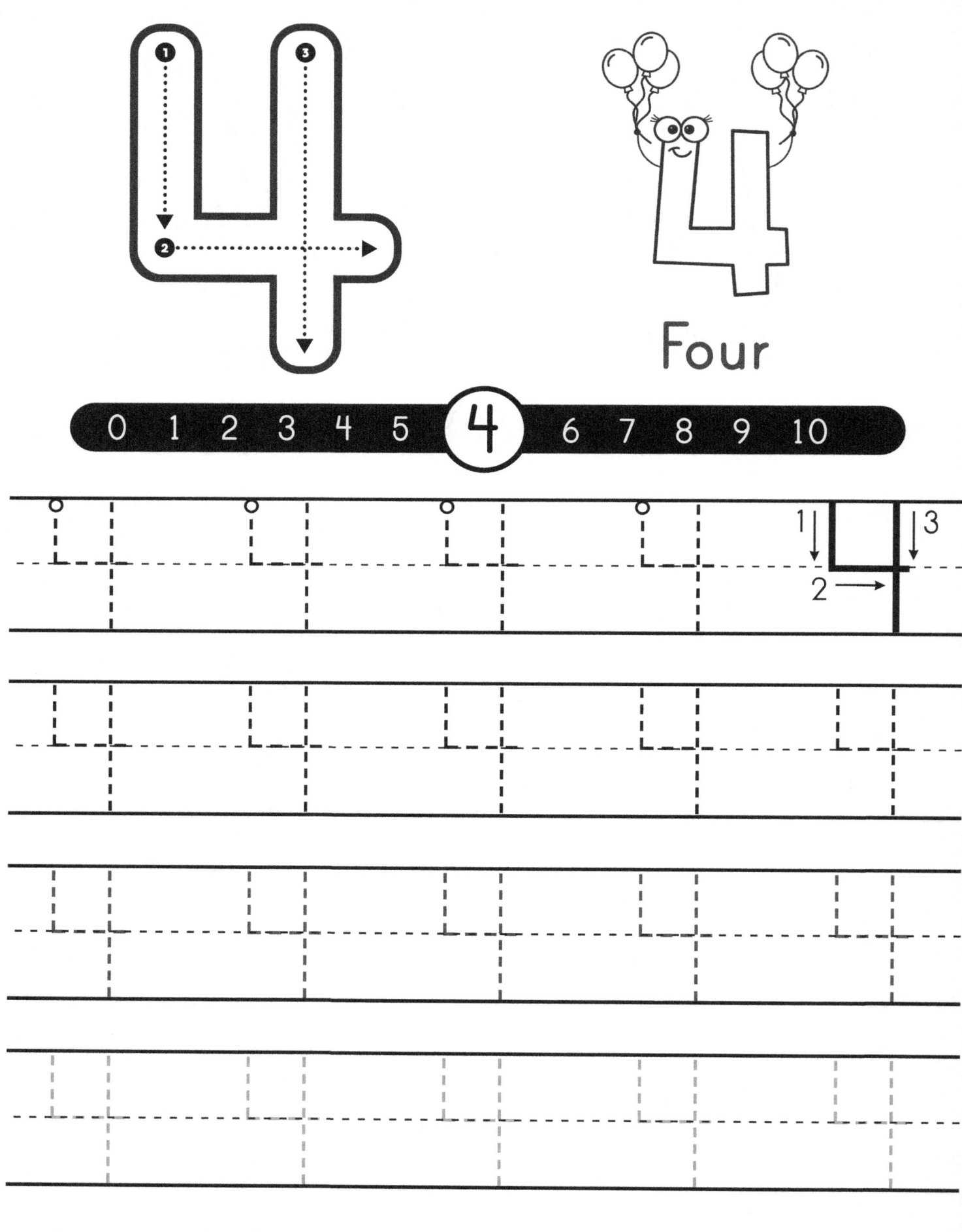

Four

0 1 2 3 4 5 **4** 6 7 8 9 10

Five

0 1 2 3 4 5 (5) 6 7 8 9 10

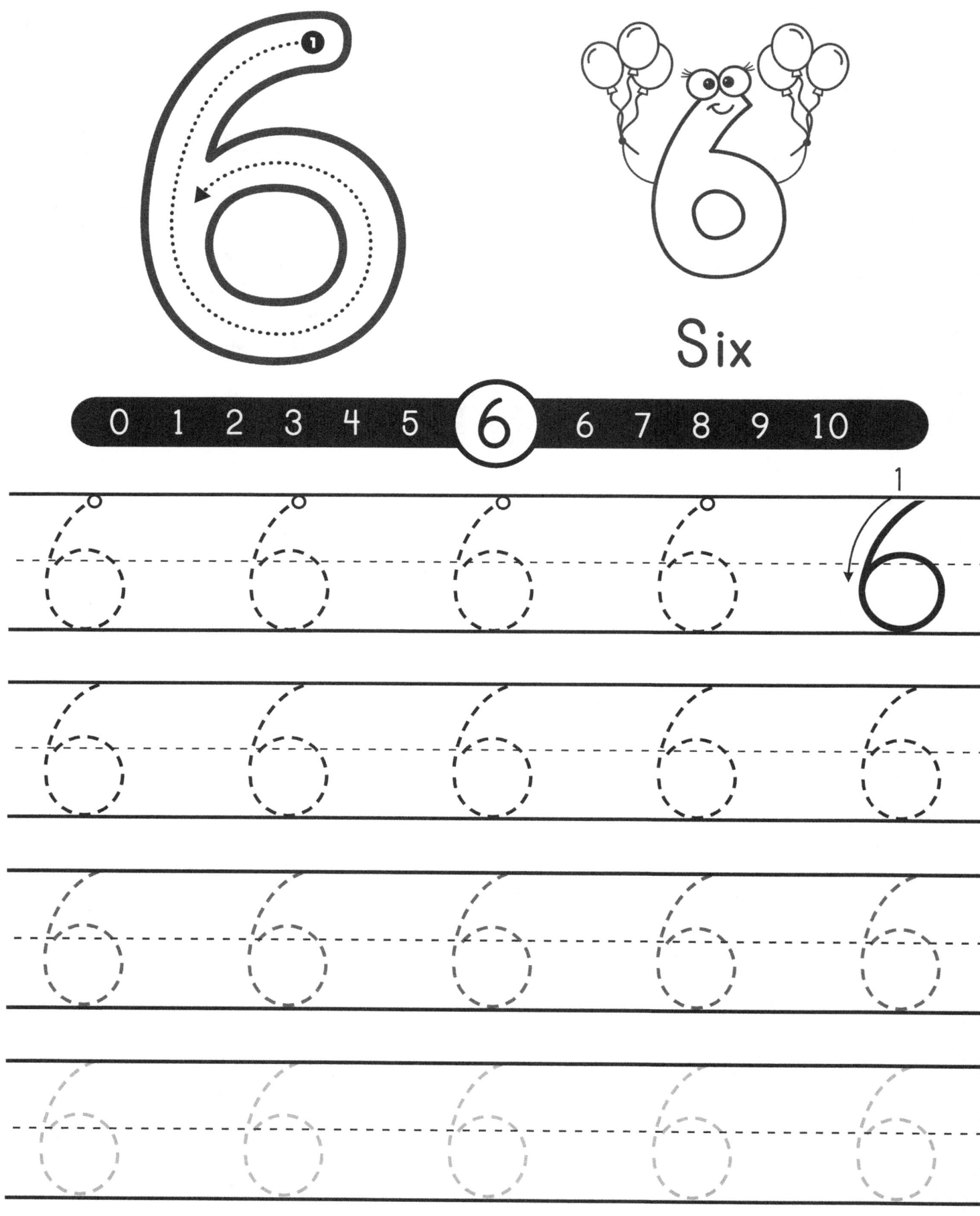

Six

0 1 2 3 4 5 **6** 6 7 8 9 10

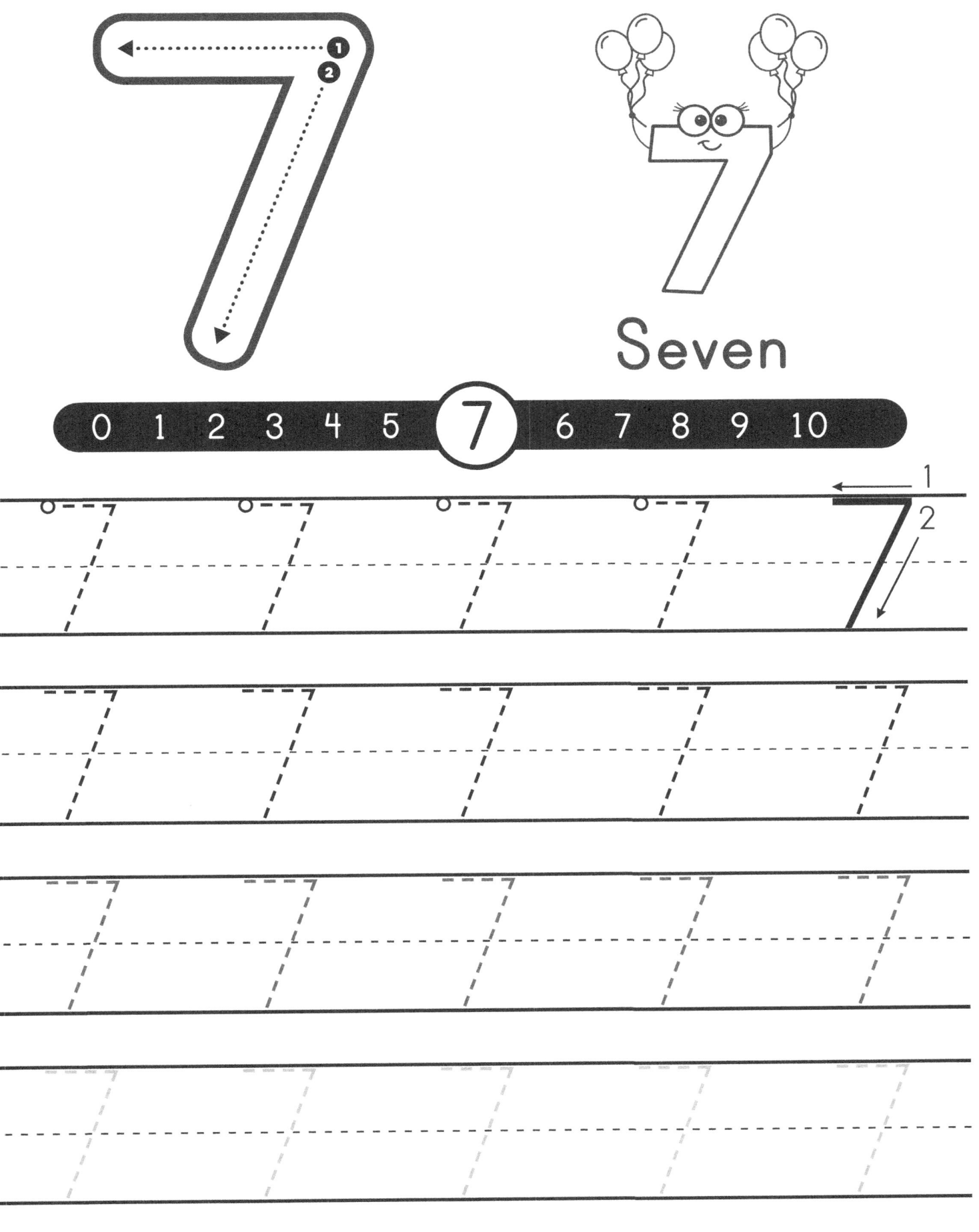

Seven

0 1 2 3 4 5 7 6 7 8 9 10

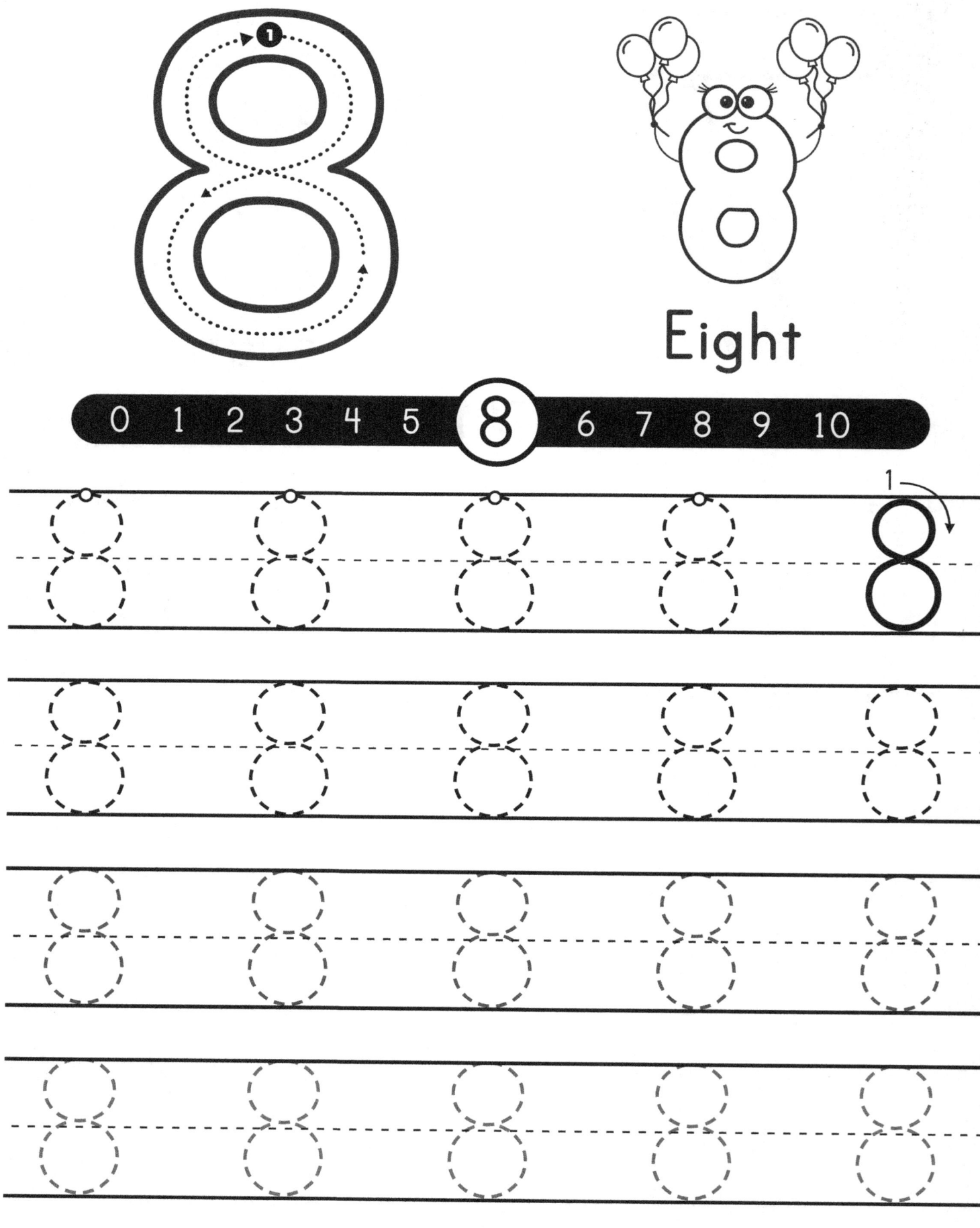

8

Eight

0 1 2 3 4 5 8 6 7 8 9 10

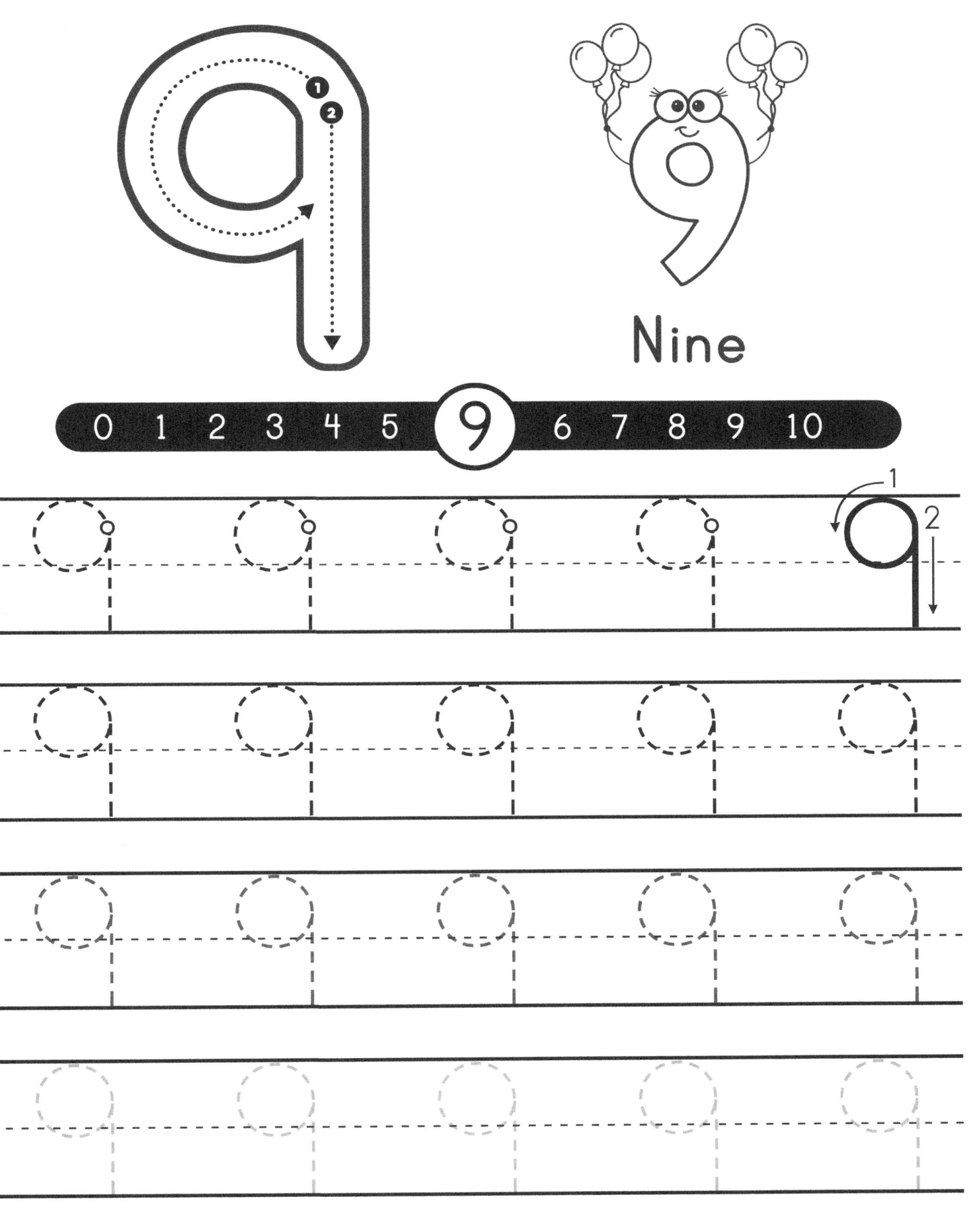

Nine

0 1 2 3 4 5 9 6 7 8 9 10

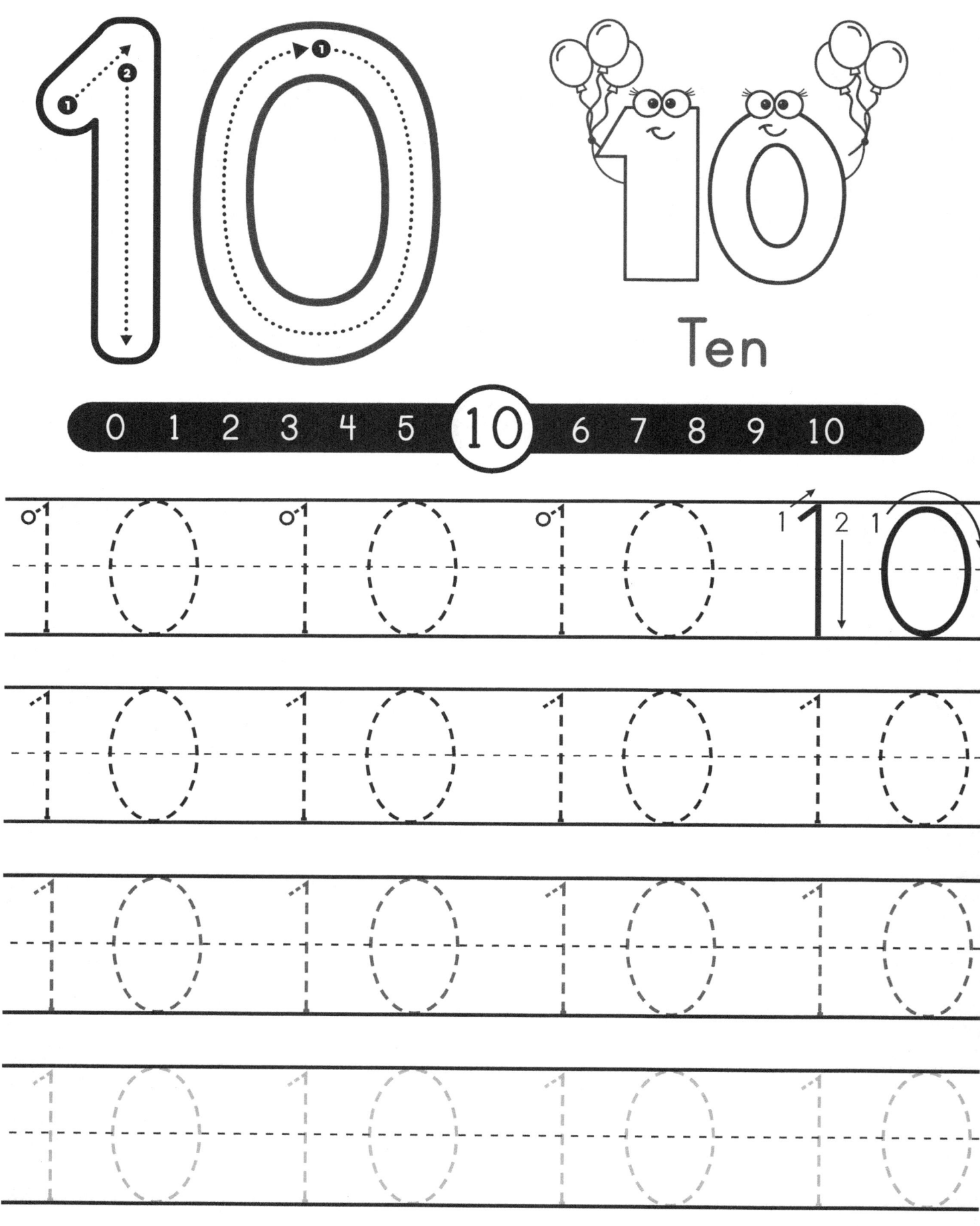

Ten

0 1 2 3 4 5 10 6 7 8 9 10

Made in United States
Orlando, FL
04 February 2025

58178799R00044